Rainer Janneck

Tausche Bürostuhl gegen Motorradsattel

Inhalt

Epilog	6
Übersichtskarte	7
Das Warum: Auf die innere Stimme hören	8
Die Vorbereitung: Aber mein Herz brüllte: Jaaa!	10
Hamburg – Buckow: Ich bin unterwegs	15
Buckow: Buckow und die Mücken	19
Buckow – Bremsdorf: Viele Seen, alle paar Kilometer wieder einer	22
Bremsdorf: Fünfzehn Minuten	28
Bremsdorf – Görlitz: Alles renoviert, alles Fassade	30
Görlitz – Bautzen: Viel Lachen bei mir und den netten Polen	38
Bautzen – Grumbach: Wunderbar einsam und kurvig ist es hier	44
Grumbach: Tanken, Zigaretten und Schnaps	47
Grumbach – Hohenberg: Hier war ich allein mit Bärbel	50
Hohenberg – Waldmünchen: Deutschland verändert sich spürbar	57
Waldmünchen – Frauenberg: Der Charme Tschechiens hat sich mir heute erschlossen	61
Frauenberg – Burghausen: Meine Kleidung hat inzwischen eine etwas herbe Note bekommen	66
Burghausen – Bayrischzell: Null Angstrand ist hier normal	70
Bayrischzell – Oberstdorf: Butterbrote, Äpfel und die Alpen um mich herum	75
Oberstdorf – Lindau: Der Duft des Südens	81
Lindau – Todtnauberg: Die beiden Grenzer bellen mich an und duzen mich	85

Todtnauberg: Die schönste Straße meines Lebens 90

Zuflucht: Zuflucht in Zuflucht 95

Zuflucht – Dahn:
Monsieur empfiehlt mir selbst gemachten Pflaumenschnaps 100

Dahn – Saarbrücken: Verliebt in Saarbrücken 104

Saarbrücken – Bollendorf:
Luxemburg fühl sich europäisch an 110

Bollendorf – Prüm: »Nee, dat weiß man net.« 115

Prüm: Halbzeit 121

Prüm – Simmerath: Die Ardennen gefallen mir 123

Simmerath – Heiden: Entspannte Atmosphäre in Holland 128

Heiden – Leer: »Fünf Jahre Auszeit – das machen viele.« 133

Leer – Otterndorf: Als wären das Meer und ich alte Bekannte 141

Otterndorf – Büsum: Krabbenkutter und Krabbenhändler 146

Büsum – Niebüll: Es wird gegrillt, trotz Regen 150

Niebüll – Sylt: Reethäuser und Strandkörbe 157

Sylt – Schleswig: Coast to Coast 164

Schleswig – Dahme: Ein Tag unter Haien 171

Dahme – Wismar: Indian Summer an der Ostsee 175

Wismar – Rostock: Auf den Spuren der Hanse 179

Rostock – Rügen: Kraft durch Freude 186

Rügen – Ueckermünde: Wernher von Braun und die V 2 193

Ueckermünde – Buckow – Hamburg:
100 Tage, 10.000 Kilometer 197

Das Drumherum 204

Danke, Danke 214

Epilog

Ob dies eine Geschichte über eine Reise rund um Deutschland, einen langen Motorradausflug, einen aufregenden Sommer, die vorgezogene Midlife-Crisis eines Zweiundvierzigjährigen oder einfach nur die Flucht in die alte Sehnsucht Freiheit ist, soll jeder selbst entscheiden.

Meine Verleger rieten mir, besonders auf das zu achten, was mir gerade auffällt. Das habe ich gemacht. Diese Reise ist sehr subjektiv erlebt und erhebt nicht den Anspruch, ein Reiseführer zu sein.

Was mir auf dieser Reise von Mitte Juni bis Ende September 2006 passierte, steht in diesem Buch. Landschaften, Straßen, Hitze, Regen, neunmal grundverschiedenes Ausland, zweimal das Meer, die Alpen, immer wieder verliebt, einmal davon schwer, bewegt an Massengräbern, allein auf Bergen, erschöpft an Stränden, gerührt von Alltäglichem.

Ob ich das alles so noch einmal erleben würde, weiß ich nicht. Ob jemand anderes die gleiche Reise ähnlich erleben würde, weiß ich auch nicht. Aber wenn mich jemand fragt: »Wie war's?«, dann drucke ich herum, weil mir die richtigen Worte fehlen.

Diese hundert Tage, so bescheiden diese Reise auch erscheinen mag, waren vielleicht die bewegendste Zeit in meinem Leben.

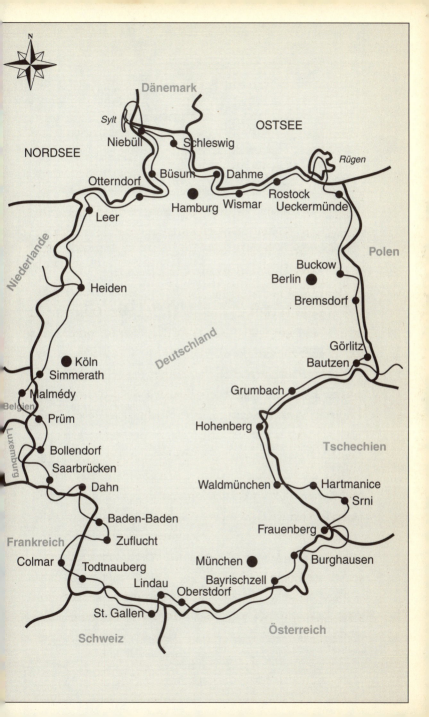

Das Warum

Auf die innere Stimme hören

Manchmal verliert man den Faden. Vergisst, was man eigentlich erreichen wollte, wer man eigentlich sein wollte. Es ist nun mal bequemer, den Anforderungen zu genügen – oder sie sogar zu übertreffen –, als sich zu fragen, was das alles eigentlich soll. Denn wenn man sich fragen würde, könnte dies alles gefährden. Und wer will das schon? Es soll ja diese Abenteurer geben, die über Nacht aufbrechen, alles anders machen und die Seele der Welt entdecken. Aber ich doch nicht.

Es lief nicht gut. Jahrelang. Immer dachte ich, dass es bald wieder besser werden würde. Aber so war es nicht, alles wurde immer weniger. Nichts mehr erfreute mein Herz. Oder war da noch was? Ja, doch, etwas Unantastbares: Das Unterwegssein. Die Natur links und rechts des Weges, das Reisen mit meinem Motorrad. Das gab mir Kraft und

Selbstvertrauen. Und natürlich mein erstes Buch über das Motorradfahren und diese Lust, allein durch meine Welt, durch meine Wälder zu reisen. Das hat immer Spaß gemacht. Einmal saß ich sogar an einer Landstraße in einem Wald in Brandenburg und habe tatsächlich geweint. Vor Glück, glaube ich. Oder vor Trauer darüber, dass dies nicht die Wirklichkeit in meinem Leben ist.

Ist es das, nicht auf die innere Stimme zu hören, was mich immer unglücklicher machte? Warum nehme ich mir da nicht etwas mehr Zeit und bekomme heraus, was ich wirklich und eigentlich will. Es wird höchste Zeit. Im letzten Herbst gab es dann diesen einen Moment, der meine Lethargie durchbrach. Diese eine Frustration zu viel. Dieser Moment kurz vor dem Schreien, kurz vor dem Amoklauf. Welcher Moment das genau war, weiß ich heute nicht mehr. Ist jetzt auch egal. Ich lebte auf einmal in dieser unbequemen Gewissheit, dass ich nicht mehr nur etwas tun müsste. Sondern dass ich etwas tun würde, ich hatte keine Wahl mehr.

Der Rest war einfach. Ein gutes Buch brachte mich dazu, Deutschland zu umrunden. Ohne jede Deutschtümelei geschrieben, eine detailverliebte Reise rund um das eigene Land. Rund um Deutschland. Das ist es. Das mache ich auch. Mit meinem Motorrad. Und nachdem dieser Entschluss gefasst war, ging alles wie von selbst. Als ob die Engel, oder was auch immer, mich führten.

Davon, wie einfach alles eigentlich ist, handelt dieses Buch.

Die Vorbereitung

Aber mein Herz brüllte: Jaaa!

Nun ist es Juni, Monate an Planung, Vorbereitung liegen hinter mir. Ich fahre rund um Deutschland, drei Monate lang, den ganzen Sommer. Das war eigentlich nur so eine Idee, vor Jahren schon, gar nicht ernst gemeint. Nie und nimmer ernst gemeint. Wie soll denn so was gehen? So viel Zeit habe ich nie, das kostet außerdem irre viel Geld, Essen, Sprit, Übernachten, außerdem verdient man ja währenddessen nichts, und die Versicherungen, die Miete? Und was wird im Büro, und was sagt die Familie und ... Unmöglich. Aber mein Herz brüllte: Jaaa!

Unmerklich begann ich im Herbst meine Angelegenheiten zu ordnen. Bekam selber gar nicht mit, dass ich nach dem letzten Job – ich arbeite in der Medienwirtschaft – kaum nach einem neuen suchte. Das Konto? Eine kurze Zeit, ein Jahr vielleicht, würde ich durchhalten, ohne die eiserne Reserve anzubrechen. Die laufenden Kosten sind hoch, fiel mir auf. Brauche ich das alles wirklich? Die Idee wurde zum Vorhaben, bekam ein Eigenleben. Vielleicht würde ich etwas Unterstützung in puncto Übernachten und Sprit finden. Und einen Verlag, den ein solches Reisebuch interessierte, gab es auch. Und Familie? Karina und ich, meine Gefährtin aus vielen Jahren, wir hatten uns getrennt, es ging nicht mehr. Die Tränen trockneten noch, ein weiterer Grund, zu fahren und zu mir selbst zu finden.

Ich stand ratlos vor diesen ganzen Fakten, die nur eines zu sagen schienen: Fahr los! Wann, wenn nicht jetzt? Aber das war so ungeheuerlich, etwas, was man einfach nicht tut, so wagemutig. Ich springe nicht oft und schon gar nicht freiwillig über meinen Schatten. Ich bin Steinbock, Aszendent Stier. Zwei Erdzeichen. Nie und nimmer würde ich den Mut und die Kraft zu einer solchen Reise haben. Ich musste doch arbeiten und etwas Vernünftiges machen, sagte mein Verstand. Aber mein Herz brüllte: Jaaa!

Viele Waldspaziergänge, Rotweingläser und Gespräche über den Sinn des Lebens vergingen, bis ich bei einem Freund – ich nenne die unterstützenden Menschen um mich herum inzwischen »meine Engel« – eine Formulierung fand für das, was ich vorhatte: »Ein Mann muss tun, was ein Mann tun muss. Aber er muss es alleine tun.« Solche Sätze brauchte ich. Worte, die mir Kraft gaben und mich weiter trieben, als ich sonst gegangen wäre. Worte, die mich trugen. Da war mein Satz. Hatte John Wayne oder Alan Ladd gesagt, fand ich so machogut, verstand ihn aber bisher nicht in aller Konsequenz.

Das Praktische fand sich selbst: Ein Aushilfsjob als Verkäufer beim Motorrad-Zubehörhändler »Louis« als Berater für Motorradbekleidung und Sturzhelme machte richtig Spaß, die Kollegen waren nett, die Kolleginnen erst recht. So war das Jahr überbrückt bis zum Sommer. Die Rumsteherei war anstrengend, die Kunden manchmal auch, der Verdienst, na ja, Verkaufsaushilfe im Einzelhandel auf Stundenbasis eben.

Dann das Motorrad inspiziert: Verschleißteile und Betriebsflüssigkeiten neu, unpraktische, aber todschicke Corbin-Koffer montiert. Die pechschwarze 2001er Honda CBR 1100 XX stand mit ihren 60.000 Kilometern da wie eben erst eingefahren. Obwohl: Ich habe keine Garage. Wetter, besonders Nässe, hatte der Elektrik meiner Honda schon deutlich zugesetzt. Ich hoffte einfach, alles würde schon gut gehen, zur Not wäre da ja noch der ADAC.

Die letzte Durchsicht vor dem Start machte Detlef, Besitzer mehrerer edler italienischer Ducati. Er hat ein solches Händchen für solche Basteleien, dass ich immer wieder staunend daneben stehe und seinen lapidaren Schilderungen mit offenem Mund lausche: »Jooo, die roude Dukkaddi 916, die iss mir zu niedrich, wegen mein Naggen. Die verkauf ich in Teilen, Rahmen und Gabel, den Motor bau ich ein in den Dukkaddi-Rahmen von der einen blauen Dukkaddi ST2, die andere gelbe Dukkaddi ST2 kricht dann den Modor vonne äldere Dukkaddi ...« Wenn man den Mann nicht stoppt, baut Detlef aus einer Blechtonne einen Rennwagen. Alles Fertige macht ihn nervös. Detlef ist ein Segen und Engel für Linkshänder wie mich.

Dann die Bücher. Allen voran hatte Andreas Greve mit seiner Deutschlandumrundung meine Fantasie beflügelt. Dass wir beide in Hamburg-Altona leben und er ebenfalls Heavy-User des Jenischparks ist, tat das seine. Aus dem australischen Verlag Lonely Planet stammt der geniale Reiseführer »Germany«. Die Perspektive des ausländischen Individualreisenden einnehmend und gekonnt weglassend, fand ich keinen vergleichbar vollständigen und amüsanten Guide. Und natürlich Wolfgang Büscher mit »Deutschland, eine Reise«, Roger Willemsen mit »Deutschlandreise« und Michael Holzach mit »Deutschland umsonst«.

Aber noch keiner hatte das Ganze mit dem Motorrad erlebt, erfahren. Das war wohl meine Aufgabe mit meinem Medium, dem Motorrad. Seit über zwanzig Jahren fahre ich Motorrad. Unfallfrei. Die Luft, das Licht, der Geruch, der Geschmack der Landschaft, der Wind, das Schweben, die Gewichtslosigkeit. Die Honda ist sehr schnell, über 300 km/h, wenn man will. Habe ich nie gemacht, warum auch. Ich schwebe lieber durch meine Wälder und fahre souverän im großen Gang.

Gut, meine Engel hatten ihren Teil beigetragen. Wie also würde ich anfangen? Und vor allem: Wo? Wichtig war, so schnell wie möglich Land zu gewinnen. Schon in der Fremde zu beginnen. Im Westen Deutschlands bin ich geboren, die holländische Grenze ist mir von Kindheit an vertraut. Der Norden wurde vor Jahren zu meiner Wahlheimat. Die Umrundung konnte also nur beginnen im Osten Deutschlands, an der polnischen Grenze. Aus Sentimentalität entschied ich mich für das Haus Tornow bei Buckow, östlich von Berlin. Dieses wunderbare Hotel entdeckte ich vor Jahren, und es war sofort der Ort, an dem ich heiraten wollte. Die Frau dazu werde ich noch finden.

Meine Route sollte mich im Uhrzeigersinn entlang der Grenze führen. Essen und Übernachten würde ich wie immer auf meinen Reisen in Jugendherbergen. Charmant, gut und günstig, ohne Alternative. Unerheblich mehr kostet es für einen »Senior«, das ist ein über 26-jähriger. Meist sind für »Wanderer«, das sind unangemeldete Einzelgäste, separate Zimmer vorhanden. Denn ein festes Dach sollte es sein, der Typ zum Zelten bin ich nie gewesen. Und nirgendwo findet man besser Kontakt zu Reisenden aller Art als eben in Jugendherbergen.

Hamburg – Buckow

Ich bin unterwegs

Am 16. Juni um 10.00 Uhr verlasse ich Hamburg. Es ist ein schwerer Morgen, ich gehe nicht leicht, mir ist nicht wohl, überall schwere Gedanken. An eine vergangene Liebe, an meinen Hund, an mein schönes Zuhause. Ich habe ziemlich den Blues, packe, ziehe die Tür zu, es ist dunstig und kühl. Die Euphorie dieser Reise ist wie nie gewesen, all das Erreichte plötzlich ohne Wert.

Dann das Motorrad, die Honda steht da, schwarz, schwer und grenzenlos stark. Lacht die mich an? Oder lacht sie mich aus, in meiner kleinkarierten Abschiedsduselei? Und sagt: »Mach schon, fahr los!« Zwei kleine Seitenkoffer, eine Gepäckrolle, ein Tankrucksack. Nicht viel, aber genug für Laptop, Fotogerät, Kleidung und die Landkarten und Bücher. Ich passe noch recht gut dazwischen. Die Lederkombi und die Stiefel sind gefettet, die Handschuhe haben schon bessere Zeiten gesehen. Die Sturmhaube und das Halstuch lassen mich wie einen Verbrecher aussehen. Zuletzt der Sturzhelm, Kinnriemen schließen.

Ungläubiges Innehalten. Ja, jetzt ist es wohl so weit: Der Zündschlüssel dreht sich im Schloss, die Elektronik summt, das Mäusekino im Cockpit zählt von 299 km/h runter auf null und signalisiert o.k. Der Druck auf den Starterknopf. Der große Motor springt leise an, säuselt ein bisschen holperig, wie vor dem Zähneputzen und noch ungewaschen. Ich kann es mir nicht verkneifen und lasse den Motor kurz Fauchen. Nicht zu laut, kein Brüllen. Nein, kurzes, giftiges Fauchen. Und grinse. Klack, erster Gang, Kupplung kommen lassen.

Das Ganze rollt los, wackelig, zumindest beim Rangieren im Stand. Das Gepäck ist ungewohnt, ich bin sehr aufgeregt, mein Herz schlägt bis zum Hals. Die Karre zieht. Und gar nicht mal schlecht. Raus aus Othmarschen, Elbchaussee, vorbei an Gruner und Jahr, Hammerbrook, Berliner Tor. Hamburg ist schnell Richtung Osten, Richtung A 24 durchquert, schon hunderte Male fuhr ich diesen Weg. Alles scheint wie immer, und doch ist alles anders. Ich drängele nicht im morgendlichen Berufsverkehr. Nutze keine Verkehrslücken, wie ich es sonst immer mache. Keine druckvollen Ampelstarts. Keine Hektik, sondern Kraft, Ruhe und Erwartung.

Um 10.15 Uhr passiere ich die Stadtgrenze, spüre den Druck des Motors, der vom Gepäck völlig unbeeindruckt scheint. In wenigen Sekunden bis an 200 km/h raufbeschleunigt. Ich liebe das verdutzte Gesicht der Autofahrer, die solche Kraftausbrüche nicht erwarten.

Die Reise beginnt kühl, ich ziehe meine Rukka-Jacke

über die Lederkombi. Sentimentale Erinnerungen überall. Trittau, Schaalsee, Zarrentin. Die geniale B 195 mit der Alten Fischerkate in Mödlich. An all dem hängen Geschichten, die heute weh tun. Weil ich aufbreche? Wohin und warum ist mir nicht mehr klar. Klar dagegen ist, was und wen ich verlasse.

In einer seltsamen Trance schwebe ich in den schwülen Tag. Gewitter liegen in der Luft. In Havelberg tanke ich dieses neue Benzin, mit dem man angeblich einen geringeren Verbrauch hat. Und esse gleich zu Mittag in der Shell-Tankstelle. Die Leute lachen über mich in meinem schwarzen Leder plus meiner Überjacke bei mittlerweile schwülen 29 Grad. Von meinen langen Unterhosen wissen die ja nichts. Mein Hexenschuss macht sich langsam wieder bemerkbar. Vorgestern erst weggespritzt, ist die lange Fahrt auf kleinen Straßen heute wohl doch noch ein bisschen viel.

Mein Ziel heute ist Buckow, östlich von Berlin. Ich komme von Westen, die südliche Umgehung von Berlin auf der B 246 sieht auf der Karte reizvoll aus. Und tatsächlich, obwohl offiziell eine Bundesstraße, ist die B 246 eine abwechslungsreiche Landstraße durch Kleinststädte wie Trebbin, Zossen, Bestensee und Storkow. Nur mit Anstrengung finde ich eine Eisdiele, einen Espresso. Diese mangelnde Infrastruktur ist charmant, ich mag es, wenn die Dinge nicht zu einfach sind. Der Cappuccino in Trebbin kostet in der Bäckerei 90 Cent. »Nehmen Sie doch bitte einen doppelten Espresso mit aufgeschäumter Milch«, lautet mein Wunsch. »So wollte det noch keena haben, warum wollnse det denn nich ausse Tüte?«, fragt die Bäckersfrau. Das Eis gibt's in

der Eisdiele gegenüber, den Kaffee darf ich aber mit rüber-
nehmen. Das Eis ist aus eigener Herstellung, extra cremig.
»... schätzense mal, wie viel Sahneanteil ich da nehme?«

Christian, Werbemanager aus Berlin und Studienfreund
aus längst vergangenen Westberliner Tagen, erwartet mich
in seinem Wochenendhaus am Schermützelsee in Buckow.
Ich bin etwas früher da, warte auf Chris, bin verschwitzt,
habe Hexenschuss und bin fix und fertig nach zehn Stunden
Landstraßenfahrt. Hauptsächlich bin ich aber baff von diesem herrlichen, hügeligen Ort inmitten der Märkischen
Schweiz, nur wenige Kilometer entfernt von der Berliner
Stadtgrenze. Bis auf 130 Meter über Normalnull erhebt sich
der Krugberg, nicht die Alpen, aber immerhin.

Der Abend vergeht vertraut, wir haben uns lange nicht
gesehen, haben viel zu erzählen. Der Panoramablick vom
Balkon über den herrlichen See inmitten des Waldes. Ruhe
über dem Wasser, in den Wäldern und in unseren Gesprächen. Im Kühlschrank ist nur Bier, irgendwann treibt
uns der Hunger in den Ort. Eines dieser regionalen Som-
merfeste bietet Bratwurst, Fischbrötchen, Musik und noch
mehr Bier. Zu später Stunde in einer Open-Air-Disco, mit
Matjesbrötchen in der Hand und Flip-Flops an den Füßen,
realisieren wir, dass wir die Väter fast aller Anwesenden sein
könnten. Die polnische Grenze ist vielleicht dreißig, vierzig
Kilometer entfernt. Ich bin unterwegs.

Buckow

Buckow und die Mücken

Wie beginnt man eigentlich eine Motorrad-Tour, wenn man monatelang Zeit hat? Wenn man nicht mehr jeden Moment auf dem Motorrad sitzen muss, weil die Zeit und das gute Wetter begrenzt sind und drängen? Was mache ich eigentlich jetzt, wo alles im Überfluss vorhanden ist? Ich entspanne einfach. Pflege meinen Hexenschuss, essen, spazieren gehen. Von Mücken stechen lassen. Mein rasierter Kopf erweist sich bei Waldspaziergängen als Buffet für ca. eine Million Mücken. Weder Chris noch ich denken an Vorsichtsmaßnahmen. Und bezahlen bitter für unseren Leichtsinn. Wir genießen trotzdem in Ruhe diese Tage, und wenn es juckt, kratzen wir uns eben. Langsam komme ich an in diesem Nirgendwo namens Unterwegs, diesem schwebenden Zustand.

So ein Wochenenddomizil ist für Großstädter, zumal aus Berlin, unbezahlbar. Chris schwärmt, wie er mit seiner Tochter Carla hier Stunden und Tage verbringt und sich nichts Schöneres mehr vorstellen kann. Er liebt seine Tochter. Die Mutter, die schöne Mona, lebt inzwischen mit einem anderen Mann. Sie teilen sich die Erziehung ihrer Tochter.

Viele Geschichten aus dem Leben. Der Tag wird vergammelt, Buckow hat ein Kino, es läuft »Wie im Himmel«, eine skandinavische Produktion. Jeder im Kino weint, ein solch anrührender Film über die Suche nach dem Glück. Zwei hübsche Frauen, denen der Film auch sehr gefallen hat, laden Chris und mich anschließend zu sich nach Hause auf ein Glas Wein ein. Um 23.00 Uhr. Warum wir dankend ablehnen, wissen wir beide nicht so recht.

Das Wochenende plätschert vor sich hin. Das Gepäck ist wieder komplett ausgebreitet und muss ohnehin neu sortiert werden. Packen ist eine Kunst. Chris muss nach Berlin zurück, er hat eine dieser megawichtigen internationalen Präsentationen, die bei mir inzwischen Übelkeit auslösen. Ich glaube, dass Chris diesen Unsinn bald hinschmeißen wird. Es gibt einen Werbespot einer norddeutschen Biermarke, in der ein Dreitagebart sich mit seinem schicken Designer-Mantel in eine Sanddüne fallen lässt, sich über seine fehlenden Termine und fehlenden Meetings freut. Und deswegen soll man dieses, zugegeben gute, Bier kaufen, kaufen, kaufen. Statt die Meetings und Termine wirklich fallen zu lassen! Ich komme ins Schwadronieren. Liegt wohl daran, dass ich inzwischen alleine bin in diesem schönen Haus, meinen Gedanken und Zweifeln nachhänge. Ohne Musik und ohne Fernsehen, ohne Ablenkung.

Gestern, auf unserem großen Mückenspaziergang ins

Haus Tornow, hat die Chefin uns einen Kaffee spendiert, als ich von meinem Vorhaben erzählte. In drei Monaten, wenn ich wieder da sei, versprach sie, spendiere sie gerne wieder einen. Vielleicht fände ich ja auch eine Frau und mein Glück bis dahin, sagte sie noch.

Herr Schröder, Journalist aus Frankfurt/Oder, bestätigt unser Treffen in Frankfurt, mein erster Pressetermin ist eingetütet. Die Jugendherberge Bremsdorf hat für die nächsten Tage ein Einzelzimmer für mich. Das letzte Mal, als ich vor Jahren dort war, bestand das Ganze noch aus billigen Bretterhütten, es war eiskalt, die Unterkünfte waren kaum isoliert. Das ist lange Jahre her, ich bin gespannt, wie sich alles verändert hat. Mittlerweile sind es schwüle 30 Grad, morgen geht es früh wieder auf die B 246, diesmal Richtung Süden. Die Honda sieht mich beleidigt an, sie will auf die Landstraße, in die frischen Wälder. Ich habe es nicht eilig. Und beginne entspannt meine mehrmonatige Motorrad-Tour.

Buckow – Bremsdorf

Viele Seen, alle paar Kilometer wieder einer

Der Aufbruch am frühen Morgen in Buckow wird hektisch, der Pressetermin in Frankfurt/Oder ist kurzfristig vorgezogen. Alles richtig gepackt? Strom abgestellt? Zähne geputzt? Heute mal duschen? Wieso habe ich eigentlich Parfum mitgenommen? Wo ist das Halstuch? Schlüssel abgeben. Heizung aus. Aufbruch eben.

Morgendliche Fahrten durch die Wälder der fast unbevölkerten Regionen Brandenburgs sind tief beeindruckend. Man ist nahezu alleine. Wald, sonst nix. Nach Verlassen der Märkischen Schweiz sind die Straßen leider sehr gerade. Schnurgerade. Fahrerisch gibt es mit dem Motorrad nichts Langweiligeres als gerade Straßen. Wunderschöne Natur, aber schnurgerade.

Über Müncheberg die Bundesstraße 5 entlang nach Frankfurt. Warschau ist ausgeschildert. Treffpunkt ist die

Unimensa, Herr Schröder wartet mit einem Fotografen der Märkischen Oder-Zeitung. Wir sind beeindruckt von den Schönheiten, die uns umgeben. Europa-Universität, viel Kunstgeschichte, hoher Frauenanteil, viele aus Polen, sagt Herr Schröder. Wir reden über die frühen Mittagszeiten, im Osten sei das alles etwas früher. Frühstück, Mittagessen, Feierabend. Damit für die Familie Zeit bliebe. Die West-Kollegen kämen spät und gingen spät. Die hätten aber auch alle keine Familie. Ob ich Familie hätte, ich sei ja 42 und ... Nein, habe ich nicht. Bin wohl auch zu spät aus dem Büro gegangen.

In Israel sei er gerade gewesen. Auf Bildungsreise. Beeindruckende Menschen habe er kennen gelernt. Die ihr Glück, ihre Aufgabe gefunden haben. Komischerweise gehe es jetzt, wieder in Deutschland, so weiter, sagt er. Auch heute habe er wieder nur Termine mit »Verrückten«. Der eine fahre als Autor mit dem Motorrad rund ums eigene Land, um das Glück zu finden. Der andere Termin sei mit einem Schriftsteller und Künstler, der im Schutz der Umwelt und Natur sein Glück findet. Da sei wohl was dran, dem Ruf des Herzens zu folgen.

Es wird früher Mittag, bis wir uns trennen. Die Mensa sieht inzwischen aus wie die Jahreshauptversammlung des Fotomodell-Verbandes Ost. Ja, die gehen hier früh essen, nickt Herr Schröder zufrieden. Die Geschichte sei morgen drin. Welche Geschichte, frage ich verdutzt? Wir hatten doch nur allgemein geplaudert. »Ihre Suche nach dem Glück«, meint Herr Schröder. »Wollen Sie Ihre Telefonnummer mit drin haben? Vielleicht ruft Ihr Glück an«, fragt er und deutet auf die Jahreshauptversammlung um uns herum. Er stellt auf meinen Wunsch noch einen Kontakt zum Grenzschutz her. Das Telefonat wird schwierig, die Mobilfunknetze beginnen zu schwächeln.

Eine wunderbare, frische Waldfahrt als einziger Verkehrsteilnehmer von Frankfurt über Sieversdorf und Müllrose nach Bremsdorf an tausend Seen vorbei. Vergessen die drückende Schwüle, die dicke Motorradkleidung, die langen Unterhosen. Die Straße ist mein. Ortsdurchfahrten dauern keine 500 Meter. An der Bremsdorfer Mühle in gleichnamiger Jugendherberge bekomme ich für drei Tage ein Zimmer mit Bad allein für mich. Herr Schneider, der Herbergsleiter, beschafft noch ein Mittagessen.

Bei meinem letzten Besuch alles Bretterbuden, und jetzt so schick? Ich staune. Ja, klärt Herr Schneider auf, dies sei nun Jugendherberge und Umweltstudienort. Wasseranalysen, Bodenanalysen, Luftanalysen. Eine der Bretterbuden ist geblieben, für die Fledermäuse. Die Kids kriegt Herr Schneider in dieser Luft in zwei, drei Tagen müde. Den Fernseher braucht er nicht mehr. Ist abgeschafft, fragt auch keiner mehr nach. Dem riesigen Herbergshund Argos ist das alles egal. Der spielt mit den Kindern und ist die Gutmütigkeit in Person.

Duschen ist doof, ich bin völlig verklebt und will nur noch in den nächsten See. Kein Lufthauch, die schwüle Hitze steht. Fünf Minuten zu Fuß, da ist er, der Treppelsee. Und mit Anlauf ... Die Kinder am See schreien und toben wie alle Kinder der Welt an allen Seen der Welt. Steve, Kevin, Samantha, Dennis und noch ein Steve, so heißen sie.

Wäre ich gerne noch mal so jung? Nee, aber gerne Vater. Und hätte eine Frau, die zu mir und hierher in den Wald passt. Vielleicht ruft sie ja morgen an. Die Mobilfunkverbindung ist jetzt ganz weg, stelle ich fest.

Am Morgen danach zunächst die Zeitung: Tatsächlich, das Interview ist drin. Mit Foto und Telefonnummer. Und ich habe immer noch kein Netz. Unterwegs im Nirgendwo erreichen mich die Anrufe zur Suche nach dem Glück. Jedoch nicht aus Regionen auf meinem Weg Richtung Süden. Schade. War eine gute Idee.

Ein heißer Tag, viel Schweiß, wenige gute Fotos. Viele Seen, alle paar Kilometer wieder einer. Die Namen merke ich mir nicht mehr, zu viele sind es. Großes Kino für mich allein auf geraden Straßen durch Natur, Wald, Wasser und Alleen. Orte wie Goyatz, Lieberose, Kossenblatt, Lübbinchen, Bärenklau. Durch Guben geht die Grenze mit dem polnischen Ortsteil Gubin. Hektischer Betrieb. Sieht alles aus wie Ramschhandel. Erinnerungen an zollfrei, Kaffeefahrt, Helgoland, nur so und so viel von diesem und jenem pro Person, Kinder nur die Hälfte.

Auf der Suche nach einem kleineren Übergang treffe ich Peter auf seiner Buhne. Er ist Ende sechzig und angelt seit Jahrzehnten schon hier an der Oder. »Früher war das einfacher. Da hat man einfach geangelt. Heute braucht man Genehmigungen für alles und jedes. Die Straße am Deich, die Sie gekommen sind, ist auch verboten, da dürfen Sie gar nicht fahren mit dem Motorrad.« Halbherzig fange ich mit den üblichen Floskeln an, mich zu entschuldigen: »... gar nicht gesehen ...« Doch das interessiert Peter überhaupt nicht.

»Diese ganzen blöden Vorschriften gab es früher nicht. Wenn man zum Beispiel heute zelten will, kommt gleich ein Grüner und redet von Umweltschutz. Dann muss man den Boden aus dem Zelt rausnehmen, dann ist es nur noch ein Regenschutz, kein Zelt mehr. Und wenn der grüne Umweltschützer weg ist, rollt man den Boden wieder aus. In Polen ist das alles besser. Dabei haben doch gerade die Angler immer alles in Ordnung gehalten und die Politiker alles verdreckt.«

Je länger wir sitzen, desto größer werden die Barsche, die er früher fing. »Mit den von Militärübungen übrig gebliebenen Handgranaten haben wir Riesenbarsche gefischt, aber das geht ja heute nicht mehr. Gut, das Wasser ist jetzt sauberer, die Fische stinken nicht mehr so. Und das mit den Polen stimmt wirklich, die klauen wirklich alles«, sagt Peter. Fähren gibt es nicht über die Oder, ich soll in die großen Orte reinfahren, da fungieren die Brücken als Grenzübergänge.

Dann lieber nicht, Polen muss warten. Heute noch etwas in Brandenburg umsehen. Die Orte werden immer kleiner, die Arbeitslosigkeit wird offensichtlich. Niemand ist zu sehen, und wenn, dann gelangweilte Gesichter. Jugendliche fahren Straßen auf und ab. Was sonst. In drei Orten schaffe ich es nicht, eine Zeitung zu kaufen. Gibt's nicht. »Da müssen Sie schon nach Beeskow fahren.« Die Bevölkerungsdichte ist eine der niedrigsten Deutschlands. Tristesse und Romantik zugleich.

Ein Mordsgewitter mit Hagel, Blitz und Donner. Wie ein

begossener Pudel erreiche ich meine Unterkunft, die Kombi trieft, die Stiefel sind voll gelaufen. Beim Abendessen überlasse ich in gelernter Business-Scheinheiligkeit, generös verzichtend, das letzte warme Würstchen dem Nachfolgenden. Natürlich davon ausgehend, dass noch einmal aufgefüllt wird. Um kurz darauf zu erfahren, dass nicht mehr aufgefüllt wird. Das war das letzte Würstchen. Ich habe noch Hunger, ärgere mich, meine Verlogenheit holt mich ein. Herr Schneider kommentiert trocken: »Beim Hunger ist sich jeder selbst der Nächste.« Das gefällt mir, es ist ehrlich.

Die Sommersonnenwende, den längsten Tag des Jahres, verbringe ich zwischen nassen Socken und klammer Wäsche. Die Bürgermeisterin von Bad Saarow am Scharmützelsee hat das Zeitungsinterview gelesen und möchte Freitag mit mir frühstücken. Ich bestätige den Termin und hoffe nur, dass ich nicht in der Motorradkleidung eine Ortsbesichtigung machen muss.

Bremsdorf

Fünfzehn Minuten

Als ich am frühen Nachmittag beginne, das Motorrad für den morgigen Tag zu bepacken, sehe ich das angenehme Wetter, nicht zu heiß, es ist noch früh genug. Noch eine kleine Runde fahren? Wieso nicht. Scharmützelsee, Großer und Kleiner Storkower See, Selchower See, Dolgensee, Wolziger See und so weiter. Nach ein paar Stunden entlang der tausend Seen kriege ich Hunger. Uuups, es ist spät geworden, was soll's, kurz auf die ansonsten so verhasste Autobahn, die A 13.

Der Beschleunigungsstreifen macht jedes Mal so viel Spaß, für Norddeutsche die einzige Möglichkeit zur Schräglage. Der Typ mit seinem Auto nervt mich. Warum? Der fährt doch nur Auto auf der Autobahn. Doch manchmal tut man Dinge, die man sonst nicht tut. Ich gebe Gas. Der rote Wagen ist wegbeschleunigt. Das war leicht. Jetzt am Gas bleiben. Ich habe den leisesten Helm, den es gibt. Aber bei diesem Tempo ist es wie Donnern direkt im Ohr.

Ich kriege Angst. Und höre aus irgendeinem wahnsinnigen Grund nicht mehr auf. 260, 270, Hilfe!, 275, 280, 285, 290. Die Honda beschleunigt immer noch. Ich nicht. Ich habe Angst, die Autobahn ist leer und schmal wie eine Carrera-Bahn. Genau, Carrera-Bahn. Tunnelblick. Adrenalin. Bewegen geht nicht mehr, der Winddruck ist zu hoch. Orkan. Nein, mehr. Viel mehr. Nichts mehr ist unter Kontrolle. 295. Aufhören! Wenn jetzt auch nur ... ich wäre sofort pulverisiert. 299, der Tacho zählt nicht mehr weiter, das Motorrad beschleunigt aber immer noch. Um Gottes willen.

Ich nehme Gas weg, bremsen traue ich mich nicht. 240 erscheint wie joggen. Die nächste Abfahrt, ich biege viel zu schnell ein, voll in die Eisen. Viel zu weit gefahren. Ich halte an und setze mich neben das Biest. Die Honda knistert ganz friedlich und unangestrengt die Wärme ab und grinst mich an. Würde ich rauchen, würde ich jetzt eine ganze Schachtel wegziehen. Was war das denn eben? Was habe ich gemacht? Bin ich lebensmüde? Wie lange hat das gedauert? Fünfzehn Minuten? Ich schäme mich. Ja, Scham. Ich habe kein Recht, mich so zu gefährden. Es fühlt sich nicht gut an. Wie harte Drogen. Wie einfach zu viel. Ich werde nie mehr wieder so schnell mit dem Motorrad fahren. Nie mehr. In der Herberge gibt es Rührei und Salat. Es schmeckt mir nicht.

Bremsdorf – Görlitz

Alles renoviert, alles Fassade

Heute geht's nach Görlitz. Weiter in den Süden, im Uhrzeigersinn. Die Mailbox meines Telefons ist mittlerweile voll von Nachrichten auf das Zeitungsinterview. Ich freue mich, aber fast alle Einladungen liegen inzwischen zu weit nördlich. Sogar der Bundesgrenzschutz rief an und steht gerne für mein Projekt zur Verfügung. Mann, das klappt ja wie geschmiert. Nur leider bin ich eben schon woanders. Heute hier, morgen dort, sang Hannes Wader. Auf dem Rückweg werde ich vielleicht darauf zurückkommen.

Aber eines kann ich mir nicht entgehen lassen: Die ehrenamtliche Bürgermeisterin von Bad Saarow, Frau Gerlinde Stobrawa. Eigentlich sei sie Vizepräsidentin des Brandenburgischen Landtags, aber dieses Bürgermeisteramt würde ihr sehr am Herz liegen. Eine sichtlich patente Dame, die mir dann auch mit Nachdruck ihren schönen Ort ans Herz legt. Das gefällt mir, so zackig.

Gesagt, getan, wir treffen uns am Tag meiner Weiterfahrt nach Görlitz. Verabredung an der Therme: »Sind Sie's?« »Ja, wenn Sie's auch sind.« Klare, offene Augen, ein wacher Geist, die Bürgermeisterin. Sofort Sympathie, wir verfrachten meinen Motorradkram in ihr Auto, und sie fährt mich durch diesen schönen Ort. Den ich, ich muss es zugeben, sonst gar nicht zur Kenntnis genommen hätte. Hier gibt's schließlich überall Seen und immer ist ein Städtchen dran. Keine 5.000 Einwohner habe Bad Saarow, aber viele weitere Zweitwohnsitze und dauerhafte Feriengäste und Tagesausflügler. Kaum zu glauben, was ich da sehe: Ein Kleinod, wunderschön, alles voller Villen, die prächtiger kaum sein könnten. Weiße Villen, russisch-orthodoxe Villen, Seevillen, Riesengrundstücke, eines schöner als das andere.

»Auf die Sichtachsen zum See haben wir besonders geachtet, und dass die Bebauung direkt nach der Wende hier nicht so ausuferte und der Ort diesen Villen-Stil behält.« Traumhäuser, Filet-Grundstücke, Zukunft, jede Menge Zukunft für diesen Ort. Es ist schön, solchen Optimismus zu erleben, solches Vertrauen in den Lauf der Dinge. Ja, Frau Stobrawa liebt dieses Örtchen, erzählt anrührende Geschichten über Privat-Investoren aus der Schweiz, die sich in diesen Ort verliebt hätten und nur Tage vor Beendung der Bauarbeiten ihres Anwesens starben: »Es reicht wohl, wenn man weiß, dass alles geregelt ist im Leben, um in Frieden gehen zu können.«

Die weitere Fahrt nach Süden gestaltet sich umständlich, meine Karten sind nicht mehr auf dem neuesten Stand. Im

Osten, zumal in Sachsen, wird viel gebaut. Endlich in Bad Muskau finde ich die Grenzstraße über Rothenburg nach Görlitz. Hier gibt es so was wie Kurven, entsprechendes Tempo vorausgesetzt. Teilweise eine richtig schöne Strecke. Geradeausfahrten durch Waldlandschaften hatte ich nun vorerst genug. Die Elektronik der Honda spinnt ein bisschen, muss ich checken lassen. Sie hat mich noch nie im Stich gelassen, ein wenig unheimlich ist mir das.

Die Unterkunft in Görlitz ist ein prachtvolles Schloss, das schon bessere Tage gesehen haben muss. Mein Zimmergenosse für diese Nacht, Herr Meinert, ein 60-jähriger Duisburger, beginnt hier seine Fahrradreise auf dem Jakobsweg. Der starte sternförmig überall, nicht erst in Spanien, erklärt er mir. Ach so. Christlich oder so sei er ja nicht, aber man müsse eben tun, was man tun muss. Warum er denn das mache, wie er darauf komme, jetzt? »Ich bin eben neugierig, was passiert. Ich habe in der Normandie eine Jakobsmuschel gefunden, das war ein Zeichen, für mich. Ich glaube an so was. Man verändert sich ja sowieso alle zehn Jahre, meine Frau will auch, dass ich mich verändere, ja, und da fahre ich jetzt eben los. Ich bin ein Suchender.«

Hmmm, irgendwie schlüssig. In die DDR sei er nie gereist, das war nach der Vertreibung und Flucht seiner Familie aus dem Osten ein rotes Tuch. Und jetzt mache er hier Urlaub. Auch noch in einer Jugendherberge. »Die Geschichte Deutschlands liegt im Osten. Dort, wo Deutschland am deutschesten ist. Sehen Sie mal diese Stadt. Alles renoviert, alles Fassade. Gehen Sie mal um die Ecke und sie riechen den Muff der sterbenden Häuser. Da haben ja mal Familien gelebt. Die sind weggejagt worden. Dass ich hier noch mal herkomme, hätte ich nie gedacht.«

Er hört nicht mehr auf zu erzählen, es wird spät und später. »Wissen Sie, Vorbereitungen gefallen mir nicht. Ich fahr lieber los und scheitere und mach dann noch mal neu als schon vorher alles zu wissen. Weil, wenn ich glaube Bescheid zu wissen, dann fahre ich an den anderen Sachen, die ich nicht vorbereitet habe, einfach vorbei und merke das noch nicht mal. Aber jetzt ist Schlafenszeit, sonst hör ich gar nicht mehr auf.« Der Schlusssatz weckt mich noch mal auf. Ich habe von dem Nonnenkloster geträumt, das ihn im Westen Deutschlands aufnahm und ihm Sitte und Anstand im Namen des Herrn einprügelte. Am Morgen frühstücken wir zusammen, er grinst, steigt auf sein eher ungeschickt bepacktes Fahrrad und fährt seinen Weg.

Christian aus Travemünde und sein dreijähriger Sohn Johannes holen mich ab. Christian ist ein Freund und Ex-Kollege aus meiner Hamburger Werbe-Vergangenheit. Er ist heute irgendwas Wichtiges in einer großen Hamburger Werbeagentur. Es ist früher Morgen, Christian ist mit seinem Privatauto angereist. So ein Zuhälterauto mit vielen Zylindern, vielen PS, Automatik und natürlich ein Cabriolet. Er ist hier geboren, in Görlitz, 1980 ging er mit seiner Mutter in die BRD, der Vater, Geschäftsführer eines größeren Textilbetriebes, blieb in der DDR. Geschichte und Geschichten.

Heute wollen wir drei Männer mit seiner Ludenkiste rund um Görlitz cruisen, er will mir seine Orte der Kindheit zeigen. Auf allerkleinsten Straßen geht es um Görlitz in die Büsche, selten schneller als 40 bis 50 km/h. Dittmannsdorf, Mengelsdorf, Pfaffendorf, Deutsch-Paulsdorf, Jänkendorf. Wie als Antwort auf die »-dorf«-Orte folgen plötzlich nur noch »-itz«-Orte: Meuselwitz, Klein-Radmeritz, Zoblitz, Lautitz, Nostitz, Maltitz. Immer mehr. Die scheinen sich durchgesetzt zu haben.

Unbekannt war mir bisher, dass mit einem solchen, fast zwei Tonnen schweren Cabriolet mit Automatik und reichlich Leistung ein so entspanntes Dahingleiten möglich ist. Mit meinem Motorrad wäre ich hier nicht hingekommen. Immer wieder berühre ich während der langsamen Fahrt die hohen Grashalme am Wegesrand, sie umschmeicheln meine Finger. Wir halten mitten im Wald, an einem Fischteich, auf einer Wiese. Christian erzählt zu fast jedem Weg eine Geschichte. Besonders erinnert er sich an das Mädchenheim, er war knapp sechzehn, die Hormone spielten verrückt. Lächelnde Erinnerungen.

Ich bin begeistert von der Menschenleere. Stundenlang fahren wir allein durch die Wälder. Er erzählt und erzählt. Von minderwertiger Kohle, die erst mit zusätzlichem Öl überhaupt brannte, die Russen hätten den Finger auf dem Erdöl gehabt, weswegen in der DDR Braunkohle-Tagebau betrieben wurde. Notgedrungen, sozusagen. Das Zeug qualmte, die Rußfilter waren sofort verstopft, wurden der Einfachheit halber ganz weggelassen. Wenn er damals Fahrrad fuhr, konnte er vor Ruß in den Augen nach kurzer Zeit nichts mehr sehen. »Die haben hier 'ne Sauerei veranstaltet. Und keiner konnte was sagen. Was denn? Und wem denn?«

Die Riesenkrater aus dem Tagebau werden jetzt geflutet und touristisch genutzt. Kleine Boote segeln darauf. Geschichte und Geschichten überall.

Weiter geht's. Siehste die Berge da? Da sind die Seen. Der Wald da ist toll. Da kann man nicht spazieren, Moor, Mücken ohne Ende. Die Straßen sind klein, sehr klein. Trotzdem in guter Qualität. Die Häuser sind fast alle bunt und einladend. Sachsen wirkt zufriedener, lebensfroher, aufgeräumter als Brandenburg. »Nee, mehr Geld haben die auch nicht gehabt. Die können hier aber besser damit haushalten.«

Vorläufiger Höhepunkt: Eine winzige Straße, die wäre mit meinem Motorrad nicht mehr zu befahren. CaRe – ein sensationelles Restaurant, Café und Feriendomizil in den Königshainer Bergen. Kultur vom Unschuldigsten, ohne erhobenen Zeigefinger, Essen vom Feinsten. Alles liebevoll, gut und preiswert. Wir bleiben Stunden und wissen nicht mehr, was schöner sein könnte. Annemone und Daniel kochen und bewirten, was das Zeug hält. Jedes Detail ist liebevoll und liebenswert. Solange es so etwas gibt, kann Deutschland nicht verloren sein. Sie haben gerade englische Woche. Ich nehme zu meinem Steak eine Mellegatony-Soup. Ja, die aus Dinner-for-one von Miss Sophie.

Wir cruisen in die Wochenend-Datsche von Christians Vater in Niesky, werden begrillt und verwöhnt, gehen in einem der nahe gelegenen Badeseen schwimmen. Bis in die zufriedene Stille Johannes wortgewaltig reinquengelt: »Ich kann das Gesumme der Fliegen nicht mehr ertragen.« Hat er wirklich gesagt. So ein kleiner Mann braucht Aufmerksamkeit. Er kann noch nicht schwimmen. Wir vertrauen ihm die Bewachung unserer Wertgegenstände an, was ihn ausreichend mit Wichtigkeit versorgt, bis wir unser Bad beendet haben.

Deutschland gewinnt mit einem lauten Aufschrei aus allen Schrebergärten gegen Schweden und ist damit im Viertelfinale gegen Argentinien. Lange nicht mehr war Patriotismus in Deutschland so salonfähig. Der Polizeipräsident von Hamburg hat seinen Polizeistreifen gerade noch die Montage von Deutschlandfahnen an den Dienstwagen untersagt, ist zu lesen. Der Polizei Patriotismus untersagen. Das gäbe es wohl in keinem anderen Land. Ich bin stolz auf mein Deutschland, das sich ganz unschuldig einfach nur freut. Wie die in Frankreich oder Italien auch. Die habe ich immer so sehr um diese Unschuld beneidet.

Christians Vater, er ist achtzig Jahre alt und frisch im Kopf wie manche Vierziger nicht, erzählt vom Zweiten Weltkrieg, von der DDR und der Wiedervereinigung. Die letztlich nur ein Schlucken der DDR war. Bis heute fehlt ihm das Soziale in der Marktwirtschaft. Das Primat der Gewinnmaximierung und Egozentrierung vor den sozialen Aspekten führe nun mal in das Dilemma der aussterbenden Gesellschaft. Ob dies zu Bedauern sei oder nicht, sei ein anderes Thema. Eine Lösung wüsste er auch nicht. Aber dass es so nicht gehe, sei ja nun mehr als offensichtlich. Nur noch alte Menschen. Ob ich Kinder habe? Nee, habe ich nicht. »Ja Mensch, Junge, Sie machen doch was her, Sie reisen doch jetzt, machen se mal, wird Zeit.« Ich wünsche mir, dass alle Menschen so klar sind wie dieser Mann mit seinen

36

achtzig Jahren. Es war ein langer, herrlicher Tag, Christian bringt mich in seiner Ludenkarre in meine Unterkunft, ich schlafe sofort mit einem Lächeln ein. Mein letzter Gedanke gilt einem Schild vom heutigen Weg: »3 Gurken 1 Euro«.

Am nächsten Morgen wache ich auf, immer noch mit diesem Lächeln, setze mich mit meinen Brötchen, Apfel und Kaffee in den Burgpark meiner Unterkunft. Sommer, warme Sonne bereits um sieben Uhr am Morgen. Es ging mir lange nicht mehr so gut wie jetzt. Christian, Johannes und ich verbringen einen weiteren Tag mit viel essen, Cabriolet cruisen, schwimmen, schlauem Daherreden, rumhängen. Zwischendurch machen wir aber auch Pause.

Am Abend, nach dem letzten Bier, gehe ich die zwei Kilometer zu Fuß in meine Burg. Und auf einmal, um 23.00 Uhr, wird mir klar, was mir durch den Kopf ging über Görlitz, ohne dass ich es wusste: Diese Stadt ist leer. All die Fassaden, die schicken Häuser, der Renovierungswahn, dieses niegelnagelneue Legoland: Hier lebt keiner. Auf zwei Kilometern dicht bebauter Straße in der Innenstadt, ein Wohnhaus neben dem anderen, auch in den Nebenstraßen: kein Auto, zwei oder drei beleuchtete Fenster. Ich stelle mich mitten auf eine große Straßenkreuzung, und nichts ist. Nichts.

Görlitz – Bautzen

Viel Lachen bei mir und den netten Polen

Und weiter in der Lausitz. Der südliche Teil ist mir besonders wichtig: Um Zittau gibt es bereits ein »Gebirge«. Also Kurven. Endlich. Die Lausitz ist eine Region mit weniger Einwohnern als Hamburg. Auf einer Fläche von über 10.000 Quadratkilometern. Von den 1,4 Millionen Lausitzern sind 60.000 Sorben. Deswegen sind alle Ortsschilder in Bautzen zweisprachig: Deutsch/Sorbisch. Slawischen Ursprungs, konnte die DDR den Sorben keine Sonderrechte streichen. Deswegen oder trotzdem hat die heutige Landesregierung dem Schutz und Gleichstellung der Sorben Verfassungsrang gegeben. Nun müssen eben die Schilder doppelt bedruckt werden. Berliner Hauptschulen haben da andere Probleme.

Dem Motorrad geht es irgendwie nicht mehr so gut, es quält sich ein bisschen. Ich kenne mein Motorrad seit vielen

Jahren, sodass kleinere Unpässlichkeiten ohne größere Diagnose klar werden. Tatsächlich ist ein Schalter etwas oxidiert, nicht schlimm, aber auch nicht nichts. Die Honda-Werkstätten in Görlitz und Bautzen sind auf zack. Was der eine nicht hat, hat der andere. Kein Neid, sondern Kooperation zum Nutzen des Kunden. Toll. Die Karre ist wieder fit, ordentlich Trinkgeld, geht doch.

Der Vormittag ist um, etwa 34 Grad im Schatten und Stop and Go in den erstaunlich befahrenen Kleinstädten lassen meine Lederkombi zur Dampfsauna werden. Leider sind die Herbergen im etwas höher gelegenen Dreiländereck Deutschland/Polen/Tschechien nicht gebucht in dieser Woche. Essen hätten die ausschließlich für mich zubereiten müssen. Und ich hätte keine Gesellschaft gehabt. Das ist dann doch nichts. Also mal gucken, was in Bautzen geht.

Die Herbergschefin, Frau Riedel, bestätigt telefonisch, und Volltreffer. Ein mittelalterlicher Wehrturm, 500 Jahre alt, tiptop renoviert, Höchststandard, eigenes Bad, eigenes Zweibett-Zimmer, todschick, alles riecht neu und gut. Außer mir ist nur eine etwa siebzehnjährige gymnasiale Mädchenklasse zu Gast. Alle in der bei über 30 Grad üblichen Bekleidung. Hier bleibe ich. Ab in die Unterkunft, duschen, das verschwitzte Zeug durchgespült, Flip-Flops an und ab zur Touristen-Information. Die junge Frau erschrickt, als ich die wohl dümmste aller Fragen stelle: »Was heißt eigentlich Lausitz?« Betretenes Schweigen. Äähm ... Mir tut die Frage leid, ich habe sie bloßgestellt, jetzt sind aber schon weitere Besucher der Touristen-Information aufmerksam geworden, wir können nicht mehr zurück. Wikipedia hat wie immer die Antwort: Feuchte Wiese, Moor, aus dem Sorbischen kommt das Wort. Seen und Mücken im Norden, Gebirge und Ameisen im Süden. Zufriedenes Gegrummel bei den Umstehenden. Hoheitswissen.

Es ist heiß, Italien. Italien denke ich. Ja, so fühlt sich Italien an. Genau diese Wärme, genau diese Kleidung der Damen und Herren. Der Geruch. Die Kellnerin der italienischen Eisdiele versteht auch tatsächlich kaum Deutsch, die Bestellung geht schief. Vis-a-vis ist eine Pizzeria. Vielleicht sollte man in Bautzen über dreisprachige Verkehrsschilder nachdenken.

Schon am Morgen diese Hitze. Es ist so heiß. »Was machen wir heute Abend?«, fragt eine der jungen Damen aus der Mädchengruppe ihre Freundin. »Wir ziehen uns ganz wenig an, gehen in die Stadt und verdrehen den Typen den Kopf«, antwortet diese weltgewandt.

Schnell raus aus der Hitze, ab in die Zittauer Berge. Kurven räubern. Ungeübt, diese Saison kam erst spät in Gang, eiere ich durch die Gegend. Der Flow stellt sich aber irgendwann wieder ein. Von einem Moment auf den nächsten fließen die Kurven, sitzt der richtige Gang, passt der Bremspunkt, und mit Druck raus. Wie Wasser trinken nach langem Durst. Tut das gut. Das »Gebirge« ist schnell durchgeräubert. Mehr als 10 bis 15 Straßen finde ich nicht.

Ein Lunch-Paket aus der Jugendherberge (»Das ist doch anstrengend, was Sie da machen, nehmense mal was mit ...«) ergibt ein First-Class-Picknick in Jonsdorf. Hier ist es spürbar kühler als im Tal, sehr angenehm, tolles Ambiente. Die

Kurgäste grüßen freundlich. Und nun? Es ist gerade Mittag, ich habe kein weiteres Ziel, es wird immer heißer. Hmmm. Tschechien? Warum nicht? Die Grenzkontrolle ist kurz, Ausweis zeigen, Helm bleibt auf, ein Nicken, die Herren haben zu tun, spielen Fußball. Ein kurzer Aufenthalt, ein großes Softeis für 22 Cent. Vom Motorrad kann ich nicht weg, die teure Digitalkamera im Tankrucksack. Will ich auch gar nicht, es ist zu warm für einen Stopp in den Motorradsachen. Der erste Eindruck ist etwa wie im deutschen Osten Anfang der 90er, die Straßen sind sogar deutlich besser. Und die Menschen sehen froh aus. Das gefällt mir. Morgen werde ich früher losfahren und eine große Nachbarschaftsrunde drehen in Polen und Tschechien.

Gesagt, getan. Ein Gewitter brachte über Nacht deutliche Abkühlung. Unter 35 Grad ist einfach erträglicher in der Sicherheitsbekleidung. Und die muss nun mal sein. Wer jemals ohne stürzte, wird nie mehr ohne fahren. Und ich kenne niemanden, der die Erfahrung nicht mindestens einmal machte.

Über Zittau geht es durch Polen hindurch über Frydlant und Heinice nach Harrachov. Wunderschöne Strecke. Ein Dreher über das polnische Szklarska Poreba über Karpacz zur tschechischen Sniezka, der Schneekoppe, mit ihren 1.602 Metern Höhe. Waldstrecken, guter Asphalt, Kurven, Kurven, Kurven, Sonne durch Baumkronen, kein Verkehr über Stunden, Hochplateaus. Warum macht man so was nicht jeden Tag? Groß die Ernüchterung, als das nächtliche Gewitter noch in den Bergen hängt. Das wird nix. Bei Karpacz nach Stunden die erste Pause, erschreckt stelle ich fest: Ich bin ja völlig erschöpft.

Jetzt ist aber Schluss mit Fahren. Pause, Motorrad abstellen. Krrruuups, da liegt die Honda. Ich dachte, das wäre der Seitenständer gewesen, was ich da ausgefahren habe. War er wohl nicht. Sanft abgelegt, zwei nette Herren – der eine ziemlich alkoholisiert – helfen mir, den Brocken aufzuheben. Die Sturzpads und die Koffer haben echte Schäden verhindert, die Brems- und Kupplungshebel habe ich sowieso immer als Ersatz dabei. Viel Lachen bei mir und den netten Polen um mich herum. Hände und Füße, Gestik und Mimik, Zigarette? Eigentlich nicht, aber ...

Die Polen staunen über die große Honda. Über die Genauigkeit und Geschwindigkeit der Reparatur der Hebelei, jaja, die Deutschen. Lachen, Gespräche mit Hand und Fuß. Der krumme Hebel wäre hier noch ein Leben lang gut gewesen. Niemand in Polen wechselt so eine Kleinigkeit aus. Der Regen setzt ein, wir bleiben vor dem Kiosk an der frischen Luft stehen, ich in voller Montur, die in kurzen Hosen und T-Shirt, Schweigen, wieder Lachen, Zigarette? Eigentlich nicht, aber ... Die Zeit vergeht, der Regen auch, einen Apfel und eine Birne schenken sie mir für den Weg. Der Alkoholisierte legt inzwischen immer wieder kumpelhaft den Arm um meine Schulter. Nette Leute.

Es ist spät geworden, der Rückweg ist lang. Durch die Wälder werde ich nicht mehr fahren können. Die Beschilderung in mir fremden Sprachen, meist ist mir unklar, ob es sich um polnische oder tschechische Orte handelt. Immer wieder muss ich anhalten, die im Tankrucksack zusammen-

42

gefaltete Karte ganz ausbreiten, um die groben Richtungen zu verstehen. Es ist manchmal sehr lustig, sich eine Abfolge gänzlich unverständlicher Orte vorzusagen und zu merken. Fragen wie: Oder war Litomerice schon vorhin das Dorf? Oder das Dorf gestern? Oder das Fernziel, bei dem ich vorher abbiegen muss? Und wohin eigentlich? Muss ich über Zelezny Brod nach Mlada Boleslav oder umgekehrt oder was?

Mal findet sich die gewünschte Ausschilderung, um an der nächsten Kreuzung nicht mehr zu erscheinen, dafür aber vier neue Richtungen. Fragen über Fragen. Eine Gruppe deutscher Motorradfahrer hat laute Krawalltüten als Zubehörauspuff montiert und fährt mit Vollgas in meine Richtung. Um mir kurz darauf mit offensichtlich wenig Orientierung, aber immer noch mit Vollgas, in die Gegenrichtung grüßend wieder entgegenzukommen. Auch ist das Fahren mit dem Maßstab 1:350.000 ziemlich anstrengend, ich bin 1:200.000 gewohnt.

Gelernt habe ich heute, dass maximal 200 Kilometer pro Tag als kurvige Tour genug sind, das entspricht etwa fünf Stunden reiner Fahrzeit zuzüglich unbedingt einzuhaltender Pausen. Als hätte ich das alles nicht schon längst gewusst, gelobe ich, diese Richtwerte zukünftig ernst zu nehmen.

Bautzen – Grumbach

Wunderbar einsam und kurvig ist es hier

Es regnet. Erst diese Hitze, und jetzt regnet es. Richtig kühl. Naja, was man nach einer solchen Hitze eben als kühl empfindet. Alle Wärme ist weg. Soll ich weiterfahren? So schön dieses herrliche Quartier in Bautzen auch ist, es wird langweilig. Chung aus Taiwan ist mit dem Fahrrad unterwegs. Von Berlin bis nach Milano. What? Er spricht kein Deutsch, schlechtes Englisch, seine bescheidene Höflichkeit ist verwirrend. Das ist doch eine Mordsreise. Bergig. Sogar die Alpen stehen da rum. Ein Lächeln. Yes. Mehr nicht. Ich komme mir kleinkariert vor, mit einem Riesenmotorrad herumzufahren, während der kleine Kerl mit was-weiß-ich-wie-vielen Packtaschen bezurrt eben schnell mal von Nordeuropa nach Südeuropa strampelt.

Trotz des Regens fahre ich los, mit Überjacke, die Griffheizung ist an. Was für ein Wetterwechsel. Elbsandsteingebirge. Mit dem Wort Gebirge ist man großzügig in Sachsen. Bautzen, Neustadt, Bad Schandau, Königstein, Bielatal, Altenberg, ab Olbernau am tschechischen Grenzfluss entlang nach Grumbach. Eine tolle Fahrt. Wenn ich am sehr frühen Morgen durch diese verschlafenen, einsamen Dörfer fahre, so im sechsten Gang tief brummend, komme ich mir wahnsinnig geheimnisvoll vor. Der schwarze Reiter reitet seines Weges. Eine schöne, fast noch schlafende Frau stelle ich mir vor. Allein hinter den noch verschlossenen Vorhängen. Irritiert von dem Schauer auf ihrer Haut, den sich aufstellenden Nackenhaaren. Sie dreht sich verstört noch einmal um, in ihrem Duft, und versteht nicht, warum. Lautlos schwebe ich vorbei, der schwarze Reiter, für einen kurzen Moment ganz nah. Kopfkino, fühlt sich prima an.

Wunderbar einsam und kurvig ist es hier. Der Regen hat aufgehört, die Straßen sind noch nass, macht nichts. Einmal rutscht das Hinterrad weg, zweimal überbremse ich, das Vorderrad bricht sofort aus. ABS wäre toll. Nichts passiert, aber ordentlich erschreckt. Hinterradrutscher sind normalerweise harmlos, aber das Vorderrad ist gefährlich. Zumal bergab und bei Nässe.

Hier, ganz weit draußen, in der Jugendherberge Grumbach, bleibe ich über das Wochenende. 800 Meter Höhe, kein Telefonempfang, nichts los. Ich bin unterwegs. Out in the great wide Open. Nichts mehr ist mir bekannt. Es fühlt sich herrlich an, da zu sein, wo ich noch nie war. Vor Jahren war ich mal hier in der Gegend, Baustellen und Umleitungen, die touristischen Sehenswürdigkeiten habe ich als Realsatire in Erinnerung.

Auffallend viele Baustellen-Ampelwartezeiten gibt es immer noch, aber die Straßen sind gut. Echt gut. Sachsen schlägt Brandenburg in Landschaft und Straßenqualität etwa 4:1. Auf meiner sächsischen Alm bin ich in einer Art Berghotel. Einfach, aber okay. Montag habe ich einen Termin mit Swen Uhlig von der Freien Presse Chemnitz in Marienberg, wenige Kilometer von hier. Und wieder ein lauter Schrei, selbst hier, am Ende der Welt: Deutschland besiegt Argentinien 4:2 und ist im Halbfinale.

Grumbach

Tanken, Zigaretten und Schnaps

»Pilze wachsen eigentlich nur bei zunehmendem Mond.« Herr Kaiser führt mich durch den Grumbacher Wald. »Und hier, sehen Sie mal, was für ein Leben in einem toten Baum ist. Da ist mehr los als in Chemnitz. Und sehen Sie mal hier ...« Mein Lachen und Staunen gefällt ihm: »Eine Kräuterfee macht Ihnen aus dieser Wiese nicht nur einen Tee, sondern eine ganze Apotheke, einen Kräuterbraten, Salat, Gewürze oder brennt tollen Schnaps.« Der Mann ist ganz in seinem Element. Förster ist er ja nicht, Schuldirektor war er in der DDR. Dann ist er ab- und sein Vertrag aufgelöst worden. Jetzt ist er Naturwart oder so ähnlich. 590 Euro netto. Nebenbei macht er noch Musik, er liebt Musik. Das gibt für einen Abend mit Trinkgeld manchmal 80 Euro. Und als Hausmeister geht er auch. Aber hier im Wald sei er am liebsten.

»Man kann eigentlich nur das gut machen, was man auch gerne macht.« Er erzählt, wie der tote Baum zu Erde wird, darauf wächst dann mit Licht und Wasser der Bärwurz, davon lebt die Raupe, die wird Schmetterling. Den frisst der Frosch, den frisst der Bussard, den frisst der Uhu. Uhu frisst Bussard? »Ja, hätte ich auch nicht gedacht, aber ist so ...!« Und wenn der Uhu stirbt, dann wird er wieder zu Erde. Ich bin verwirrt und stelle mir ein trauriges Meer von toten Uhus vor, neben denen Bussardknochen liegen.

Ein Vortrag über Vergänglichkeit und Sinnstiftung vor dem Frühstück. Ich war nur mit meinem geliebten Morgenkaffee vor die Tür geschlappt, und da stand Herr Kaiser. Tschechien? Nein, mit Tschechien habe er seit der Wende nicht mehr viel zu tun. Früher gab es regen Austausch, aber heute habe man nicht mehr so viel miteinander zu tun. Nur noch wegen Tanken, Zigaretten und Schnaps. Wälder hätten die auch, aber die gäbe es ja auch hier genug.

Langsam wird das Staunen zur Gewissheit: Wieder keinen Grenzverkehr entdeckt. Ich bekomme den Eindruck, dass in Ostdeutschland die Außengrenze keine besondere Bedeutung hat, dass sich niemand mehr für den Nachbarn interessiert. »Spiel nicht mit den Schmuddelkindern, sing nicht ihre Lieder.« Ärmere Nachbarn sind nun mal nicht so interessant.

Nach dem Frühstück geht es auf den Fichtelberg mit seinen 1.214 Metern. Schöne Straßen im Erzgebirge und Vogtland, übersichtlich und kurvig, weiter Kurvenradius, hohes Tempo. Es ist Sonntagmorgen, die Freizeit-Valentino-Rossis fliegen mir um die Ohren. Der Sessellift vom Fichtelberg runter und wieder rauf macht Spaß und Sonnenbrand. Auf der Berghöhe ist ein Motorrad-Treffpunkt, ich kenne nicht eines der Motorradkennzeichen. »Nein, Tschechien ist keine Tour wert. Wenn man da zu schnell erwischt wird, zahlt man als Deutscher mehr als hier. Die Straßen sind schlechter, die Schilder kann man nicht lesen und die Gegend ist auch nicht anders. Aber Essen ist billiger. Nö, nicht wegen Motorradfahren, nur wegen Tanken, Zigaretten und Schnaps. Und die Mädels sind da auch günstiger, höhöhö.« Die Grenze ist drei Kilometer entfernt. Ganz weit weg. In der Gaststätte auf dem Fichtelberg laufen Coverversionen von 50er-Jahre-Hits, »Zwei Apfelsinen im Haar, und um die Hüfte Bananen ...«

Grumbach – Hohenberg

Hier war ich allein mit Bärbel

Das Interview mit der Freien Presse Chemnitz im Büro Marienberg verläuft etwas hektisch. Ein Verkehrsstau wie am Hamburger Elbtunnel, nicht wegen des Verkehrs, sondern wegen zu vieler Baustellen, legt die Stadt lahm. Meine Honda heizt auf 117 Grad und springt nicht mehr an. Keine Panik.

Im Interview bringe ich den großen Fichtelberg im Erzgebirge mit dem nur halb so hohen Fichtelberg im Fichtelgebirge durcheinander. Herr Uhlig ist irritiert, dass ich hauptsächlich an persönlichen Eindrücken, Gesprächen, Landschaft und Straßen interessiert bin. Museen? Ausstellungen? Stadtbesichtigungen? In seinem Büro erläutere ich ihm, er im T-Shirt, dass ich unter der dicken Leder-Protektoren-Kombi lange Unterwäsche tragen muss, um das Leder überhaupt an- oder ausziehen zu können. Das klebe doch sonst alles fest. Erstaunen. Nun, das sei wohl wirklich eine andere Welt. Dann noch der Fototermin bei 39 Grad, die Honda rollt ein Gefälle runter, Kupplung los und: sie springt an. Puuuh. Die weitere Fahrt geht zu Honda Herrmann in Annaberg, gleich um die Ecke. Ein Mechaniker nimmt sich der Elektrik an, reinigt und ölt die Kontakte, alles wieder klar. »Ihr Motorrad kriegt in Hamburg aber etwas zu viel Wasser ...« Danke, Trinkgeld, Hupen, Weiter.

Inzwischen ist es früher Nachmittag, ich will noch nach Hohenberg. Unbedingt will ich da heute noch hin. Als Kind von vielleicht drei Jahren und später noch einmal mit etwa zehn Jahren besuchte ich mit meinen Eltern diese Burg, diese Jugendherberge. Und bin voller wirrer Erinnerungen: Eine Ledertrachtenhose, die sich nicht mehr schließen ließ und alle lachten mich aus. Ein Märchenerzähler, bei dem ich mich so gruselte, dass ich die ganze Nacht nicht schlief. Ein Unfall, der mich glauben ließ, zu ersticken. Ein Mädchen namens Bärbel. Lagerfeuer. Hier fing meine Sympathie für Jugendherbergen an. Vor langer, langer Zeit. Werde ich etwas wiedererkennen? Und was? Und wie? Energien von Kindheit, Unschuld, Freude, Staunen wiederfinden? Ich bin neugierig.

Der Herbergsleiter Stefan Hechtfischer freut sich mit mir, dass alle Leiterunterkünfte im Torturm frei sind. Mit Dusche oder lieber mit Badewanne? Vollpension 25 Euro. Und so eine tolle Aussicht auf Hohenberg und das Fichtelgebirge. Das Gelände, die Burg, der Innenhof sind mir nicht fremd. Aber nennenswerte Erinnerungen stellen sich nicht ein. Schade. In einem der Aussichtstürme genieße ich den

Panoramablick auf die Eger, die Bayern Richtung Böhmen verlässt. Aber ja, klar, hier war es, hier war ich allein mit Bärbel. Wir haben zusammen diese Aussicht bestaunt und mussten unsere Schultern aneinander drängen, um durch diese kleine Sichtluke sehen zu können. Sie hatte langes Haar. Ich war zehn Jahre alt, verliebt und wollte sie sofort heiraten. Jetzt sitze ich im Burggarten, die Sonne geht rot unter, und ich bin 42 Jahre alt. Und immer noch keine Bärbel. So vergeht die Zeit.

Ein frischer Morgen im Steinwald. Ich liebe Motorrad fahren. Rauf und runter, kreuz und quer. Die Nacht in meinem Hohenberger Torturm war fast schon zu gut. Inzwischen bin ich bei zehn Stunden Schlaf angelangt. Dass Jugendherbergen so luxuriös sein können, zumindest für allein reisende »Senioren«, habe ich selbst nicht gewusst.

Der Steinwald im südlichen Fichtelgebirge ist auf der Karte ein schönes, hügeliges und vergessenes Grenzgebiet. Und tatsächlich, an diesem frühen Dienstagmorgen schmeicheln die Wälder mit ihren schönsten Farben und Düften nur mir allein. Brotzeit, so heißen die Lunch-Pakete hier, im Wald an einem Bergsee. Bayern.

Die Unterschiede zu den bisher bereisten Ländern Brandenburg und Sachsen sind, was die Straßenqualität angeht, ungeheuer. Meine Landkarten gliedern die Straßenqualität in vier Kategorien: Rot (Bundesstraßen), Orange (Landstraßen), Gelb (kleine Landstraßen), Weiß (kleinste Straßen). In Ostdeutschland ist Rot und Orange mit meiner straff abgestimmten Honda ohne wirkliche Alternative.

Gelb und Weiß sind selten freudvoll, meist eher riskant bis unfahrbar. Jetzt, wieder in den alten Bundesländern, kann ich ohne Zögern nur noch auf weißen Straßen unterwegs sein. Die würden im Osten teilweise als Rot klassifiziert werden. Dimensionale Unterschiede. Die Karte ist ganz anders zu lesen, das jahrelang in Mecklenburg-Vorpommern und Brandenburg gelernte Fahren gilt nicht mehr. Verwirrend ist außerdem, dass die Oberpfalz in Bayern und nicht in Rheinland-Pfalz liegt. Der Fichtelberg, zumindest der große, liegt seinerseits im Erzgebirge und nicht im Fichtelgebirge. Aha.

Im Garten der Herberge singen Kinder mit piepsiger Stimme die Nationalhymne. Das stelle man sich vor! Eine hübsche Betreuerin begleitet wackelig mit dem Akkordeon. Das Ganze klingt so erfrischend und unprofessionell und liebenswert. Ich bin tief berührt von diesem unschuldigen Patriotismus, den ich in meinem Land bisher noch nicht erlebt habe. Deutschland verliert im Halbfinale 2:0 gegen Italien. Die Fahnen an den Autos bleiben. »Der Sommer, in dem wir andere wurden«, schreibt die ZEIT auf der Titelseite. Ich fühle mich zum ersten Mal richtig wohl mit meinem Land.

Die Carolinenquelle mit ihrem Heilwasser, laut aushängendem Gutachten ein »eisenhaltiger Sauerling«, schmeckt gar nicht so übel. Kalt, eisenhaltig, Kohlensäure. Das Wichtigere ist, dass ich als kleiner Kerl von vielleicht drei Jahren zuletzt dieses Wasser trank. Und als ich es jetzt, fast vierzig Jahre später, wieder trinke, fällt mir, einem tiefen Teil von mir, wieder das Gefühl von damals ein. Der Geschmack des Wassers ist so einzigartig, dass ich ihn sonst an keinem anderen Ort erlebt habe. Lange sitze ich ein wenig verloren in dem kleinen Pavillon der rostigen Quelle und bin berührt von meiner Erinnerung, die nur ein Geschmack ist. Ich sehe keine neuen Bilder, nichts Ungeahntes fällt mir ein. Aber ich bin bei mir und fühle mich als Kind. Mir kam damals natürlich alles viel größer vor, die tschechische Grenze habe ich als sehr bedrohlich empfunden, die »Russen« mit ihrem eisernen Vorhang als unberechenbare Irre.

Durch den Wald entlang der Eger ist es angenehm kühl, die Sonne brennt bereits am frühen Morgen mit 28 Grad, ich lasse meine Füße in dem kleinen Fluss baumeln. Martin ist Jäger, Fischwart, Tierwart, Waldwart und Wanderführer der Region. Er bewohnt das »Confinhaus«, das ehemalige BRD-Grenz-Wachgebäude. Das hat er sich vor ein paar Jahren gekauft und renoviert. Material gab es für »einen Kasten Bier« von den Tschechen. Er lebt hier allein. Nein, keine Frau. Mit so einem Haus im Gebirgswald an einem Fluss habe er den ganzen Tag zu tun. »Mehr brauche ich nicht.« Manchmal wandert er. Direkt vor seinem Garten steht eine neue Brücke nach Tschechien: »Nur für Wanderer, Fahrradwanderer, Skiwanderer. Pferdewanderer nur 24 Stunden« steht auf der Tafel. Zu den Irren mit zehn Schritten. Das tschechische Grenzschild sehe ich, ich gehe rüber. Eine Welt wie damals. Meine Großeltern hatten auch noch Nutzvieh, Gänse, Hühner. Mit denen habe ich immer gespielt. Zaun drum, wenn Weihnachten war, gab es eins mit dem Knüppel, ausnehmen, rupfen, die Restfedern mit Spiritus abbrennen. Erinnerungen an die kräftige Brühe. Ist das alles lange her.

Jegliche Aktivität, jede Bewegung, jedes Verlassen des Schattens verbietet sich ab etwa 11.00 Uhr. Erst recht in Motorradkleidung. Es ist einfach zu heiß. Entsprechend kurz fällt der Besuch in »Klein-Berlin«, Möldlareuth bei Hof in Nordbayern, aus. Die ehemalige deutsch-deutsche Grenze, die hier mitten durch Häuser, durch Familien, durch Wohnräume gezogen wurde. Die Absurdität und der Egoismus dieser »Grenze« ist, über fünfzehn Jahre nach Zusammenbruch der DDR, kaum noch fassbar. Ich gehöre zu der westdeutschen Generation, die mit der Selbstverständlichkeit dieser offensichtlichen Menschenverachtung aufwuchs. Mauern, die nach innen einsperrten, wurden als Schutzwall gegen außen deklariert. Des Kaisers neue Kleider. Als ob nur ein Mensch freiwillig da rein wollte. Irrsinn und Lüge waren normal und wurden zwangsläufig toleriert. Todesstreifen durchs Badezimmer, Trennung von Familien. Nachbarn, bei denen man sich gestern noch etwas Milch auslieh, werden über Nacht zum Klassenfeind erklärt. Die Sache mit der Milch wird noch der nächsten Generation das Universitätsstudium unmöglich machen. Trotzdem mir der Schweiß in Strömen fließt, kriege ich eine Gänsehaut.

Im hiesigen Porzellanmuseum, Hutschenreuther & Co. sind ortsansässig, ist es etwas kühler und für den, der Porzellan mag, bestimmt auch aufregend. Unzufrieden mit dem Tagesergebnis gebe ich alles, und finde doch noch eine echte Sensation: Die Wirkstätte der Theresa Neumann, der »Resl von Konnersreuth«. Die 1898 geborene einfache Frau erfuhr unfallbedingt ab 1918 Lähmung und folgende Erblindung. Anlässlich der Selig- und späteren Heiligsprechung der von ihr verehrten Therese von Lisieux gab sich das wieder. Dafür stellten sich ab 1926 zyklische Visionen sowie die Leidensmale Jesu Christi in Form offener Wunden an ihrem Körper ein. Sie nahm ausschließlich einmal täglich die Hostie zu sich. Sonst nichts. Jahrzehntelang noch nicht einmal Wasser. An ihrem Grab in dem ansonsten attraktionsarmen Konnersreuth befinden sich unzählige handschriftliche Dankesbezeugungen (»Die Resl und der liebe Herr Jesu haben geholfen ...«) Der Flyer des Konnersreuther Rings kommentiert: »Im Geist der Sühne litt sie bereitwillig für andere.« Leiden als Lebensinhalt. Ich bekomme heute meine zweite Gänsehaut.

Das Gewitter und der Regen des nächsten Tages sind erfrischend. 16 Grad zeigt das Thermometer, fühlt sich aber deutlich wärmer an. T-Shirt und Schlappen sind ausreichend auf dem nassen Weg zum einzigen Kiosk des Ortes. Ich bin entspannt, habe eine gute Zeitung bekommen, habe alle Zeit der Welt und fühle mich sauwohl in meiner Haut.

Hohenberg – Waldmünchen

Deutschland verändert sich spürbar

Der Hahn kräht. Die Augen notdürftig öffnen, ein bisschen reicht. Kein Regen. Kurze Rechnung: Hahnenschrei bis Frühstück ist gleich – eine Stunde. Noch einmal umdrehen. Kaum gedreht, klappern die Störche. Was den Hahn wiederum veranlasst, noch einen draufzusetzen. Die Kinder nebenan werden durch den Radau ebenfalls wach und krähen. Das war schon die kurze Samstagmorgenruhe, schnell ins Bad, bevor die Familie nebenan ihr Programm durchzieht.

Wenig später, vor der Küche. Ich: »Können Sie mir bitte ein Lunch-Paket für unterwegs machen?« Magd 1: »Jo, wollens do an Kaas mid an Radi oder wollens a Wuascht?« Magd 2, nicht sichtbar und sehr laut aus den hinteren Küchenräumen: »Jo, was fragscht denn so deppert? Des is a Mannsbuilt. Die wolln a Wuascht!« Die Sache scheint beschlossen. Ich füge mich widerstandslos. Packen, satteln, die Fuhre rollt gen Süden. Die halbe Burg Hohenberg winkt zum Abschied.

Der Süden ruft. Deutschland verändert sich spürbar, wird immer westdeutscher, immer reicher. Die Straßen sind perfekt. Perfekt. Und eine so wunderbare Landschaft, wie ich sie nicht vermutet hätte. Jede noch so kurze Walddurchfahrt endet in einer neuen traumhaften Aussicht.

Bei Haag kreuzt ein Erpel mit seiner Ente gänzlich aufrecht gehend die Straße. Sie traut sichtlich seiner Führung nicht, zögert mitten auf der Straße. Voll in die Eisen. Der Autofahrer aus dem Gegenverkehr auch. Die Viecher sind total konfus, Fahrer steigen ab oder aus. Wir treiben das Geflügel auf das nächste Gatter zu, ich in voller Montur und Sturzhelm, der Hausbesitzer kommt. Das sind nicht seine Viecher, die gehören dort drüben hin. Der Entenchef kommt von der anderen Straßenseite dazu, dankt, entschuldigt, der Zaun, offen wohl, seine Söhne vermutlich, nachlässige Bengels. Ja, die Saubuam, stimmt der Autofahrer begeistert zu, hätte er auch zwei, nur Unsinn, und was da alles kaputt gehe. Mitten auf der Straße eine Verbrüderung der Väter. Mich fragt keiner, ich sehe bescheuert aus in dem Motorradzeug und verstehe sowieso eher wenig.

Unter 20 Grad, bestes Fahrwetter. Aber schwere Wolken. Eine Pause in Mähring, weil mir die Orte mit der –reuth-Endung zu dominant, ja aufdringlich werden. Die Orientierung zwischen Tischenreuth, Großkonreuth, Erkehrsreuth, Poppenreuth, Eppenreuth und Püchersreuth wird verwirrend. Mähring bietet sich für Oppositionelle an. Die gemütlichste Postbotin trägt mit Bedacht und ihrem

Hund an der Leine einen Brief nach dem anderen aus. Ohne Hast. Jeder Ortsbeginn, jedes Ortsende, nahezu jedes Haus ist mit christlichen, bayerischen oder beiden Insignien versehen. »Gott zur Ehr, dem Menschen zur Wehr« ziert in großen, ziselierten Lettern das Gebäude der freiwilligen Feuerwehr. Der Kriegsgefallenen wird namentlich und pompös gedacht. Sonnengedörrtes Holz an Scheunen, Toren und Bänken. Es ist schön hier, in Bayern.

In der Herberge Waldmünchen ist Familientreffen. Eine richtige Sippe, über hundert Leute. Einmal im Jahr treffen die sich, eine Mordsstimmung, Kleine, Große, Dicke, Dünne, Alte, Junge. Und ich als Fremder mitten drin. Stört keinen. Alle sind nett und heißen mich willkommen, »... nehmens ruhig. Eine Wuascht mehr oder weniger, des merkt eh keiner ...« Alle reden vom Fußball und dem erstmaligen Patriotismus und sind stolz auf ihr Land. 3:1 gegen Portugal. Deutschland ist Weltmeisterschaftsdritter. Auf bayerisch erklingt »We are the champions ...«

Juli. Sommer durch und durch. Die schattigen Waldstraßen noch nass vom nächtlichen Gewitter. Der Morgen frisch und sonnig. Um mich herum die Berge der Oberpfalz, die Wälder umarmen mich. Es riecht. Wie es riecht! An einem frühen Morgen durch einen gewitterfrischen Wald der Oberpfalz zu fahren macht glücklich. »Mühselige und Beladene dieser Welt, schwebt am frühen Morgen durch die Wälder der Oberpfalz«, monologisiere ich lautstark unter meinem Helm vor mich hin. Manchmal halte ich richtige Reden während des Fahrens. Zumindest dann, wenn ich nicht ausgelastet bin.

Es dauert, bis sich meine Euphorie wieder legt, ein paar Fotos im Kasten sind und die Tageshitze mich wieder einholt. Vor lauter Begeisterung bin ich viel zu weit und muss nun durch die Mittagshitze zurück. Noch nicht mal ein neuerlicher Regenschauer kühlt nennenswert ab. Die Wassermenge einer halben Stunde Regen in Bayern wäre in Hamburg auf eine Woche Nieselregen verteilt. Eine Stunde später sind die Straßen wieder trocken, die Sonne knallt vom Himmel, als wäre nichts gewesen. Die einheimischen Motorradfahrer gleiten derart routiniert durch diese Kurven und Höhendifferenzen, dass ich nur noch staune. Selbst an gemütlichen Sonntagsausflüglern mit Sozia bleibe ich nur mit Anstrengung dran. Dann eben nicht.

Waldmünchen – Frauenberg

Der Charme Tschechiens hat sich mir heute erschlossen

Ein neuer Tag auf meiner Reise. Als hätte ich nie etwas anderes getan, lache ich das Reinigungspersonal zum Morgen an, scherze mit den Damen in der Küche. Ich gewöhne mich an diese Art zu leben. Fühle mich richtig und vollständig. Keine Diskrepanz von dem, was ich tue, zu dem, was ich tun will. Seit guten drei Wochen bin ich unterwegs, zwei T-Shirts, zwei Unterhosen, zwei Paar Socken. Eines in Gebrauch, eines trocknet nach der Wäsche. Ich habe viel zu viel eingepackt. Zumindest für dieses hochsommerliche Wetter. Ich bin auf Reisen, ohne wirkliches Ziel. Reisen der Reise wegen. Fühlt sich gut an.

Heute das Frühstück ein letztes Mal in Waldmünchen. Brote schmieren, Obst sichern, alles für die Brotzeit unterwegs. Zum eigentlichen Frühstück nur ein Brötchen und eine Banane. Und dann, der Höhepunkt: mein großer Becher Kaffee. Alles schon Routine.

Kaum den ersten Schluck getan, kommt der Küchenchef: »San Sie dera Beiker?« Er fahre auch Motorrad, wo es denn nun hingehe? Immer weiter im Uhrzeigersinn? Ach, wenn er doch auch mal so viel Zeit hätte. Ins Dreiländereck könne es nur einen Weg geben: Durch den tschechischen Böhmerwald. Da liege ein Hochplateau, immer wenn er da fahre, brauche er viele Stunden für die paar Kilometer. Vor lauter Stehenbleiben und Staunen. Das sind die Tipps, die ich brauche. Den Bayerischen Wald gebe es ja eigentlich gar nicht, das sei ja nur politisch, das sei geographisch alles der Böhmerwald. Das größte zusammenhängende Waldgebiet Europas. Aber in Tschechien sei er besonders schön. Die Straßen? Naja, Tschechien eben, aber der Wald sei so schön.

Zunächst durch den Oberpfälzer Wald über Furth im Wald, Drachelsried zum Grenzübergang nach Bayerisch Eisenstein. Nach Cachrov, dann östlich über lausige, vergessene, kleine, wunderschöne Straßen. Über Velhartice, Hartmanice nach Dobra Voda, Srni, Modrava zurück nach Deutschland. Was für eine Fahrt. Auf dem Hochplateau wird es so angenehm kühl wie lange nicht mehr. Ich staune und staune und staune. Nach den Grenzübergängen, an denen sich in dieser Reihenfolge asiatische Ramschhändler, Tankstellen und Bordelle befinden, kommt sehr schnell dieses Paradies.

Ein Wald im Norden Deutschlands ist nach kurzer Zeit langweilig. Man sieht wörtlich den Wald vor lauter Bäumen nicht. Es gibt keine Ausblicke, kein Panorama, keine Abwechslung, nur Bäume. Der Böhmerwald hingegen ist voller Sensationen, Fernsichten, Flüssen, Kurven, kniffeligen Passagen. Insgesamt fahre ich rund 150 Kilometer, brauche sechs oder sieben Stunden und kann es immer noch nicht glauben.

Der Charme Tschechiens hat sich mir heute erschlossen. Viele Ahs und Ohs und Pausen mit Brotzeiten und Panoramablick. Wenige Camper, Radfahrer und Wanderer treiben sich hier herum. Fast keine Motorradfahrer. Und ich habe verstanden, warum so viele Motorradfahrer mit Tschechien wenig anfangen können. Die Straßen laden zum Motorradwandern ein. Höhere Geschwindigkeiten oder spektakuläre Schräglagen machen kaum Sinn, die Straßenqualität liegt etwa auf dem Niveau der ehemaligen DDR. Eine sauber asphaltierte Kurve kann ohne Ankündigung mit einem Riesenschlagloch auf der Ideallinie enden.

Es muss gerade noch geregnet haben, die Straßen sind mit Geröll überspült. Die Wasserlachen sind tief, es wird schon gehen. Das Motorrad zu putzen, macht auf dieser Reise, in diesem Sommer wohl keinen Sinn mehr.

Die Herberge Frauenberg ist ein Kleinod im Dreiländereck Tschechien, Deutschland und zum ersten Mal Österreich. Auf fast 1.000 Meter Höhe gelegen, ist endlich diese Hitze nicht mehr zu spüren, ich hole am Abend erstmals einen Pullover aus dem Gepäck. Es gibt ein gutes Abendessen, das Motorrad kommt in die Garage, hier wird geklaut, höre ich. Ein langer Tag und wieder eine neue Welt. An meinem Tisch sitzen schöne Betreuerinnen einer Berliner Jugendgruppe und machen mich nervös.

Eine Nacht ohne Hitze. Durchgeschlafen. Aaaaah, wie gut. Die schöne Betreuerin sitzt mir zum Frühstück gegenüber und trägt ihren Ehering heute nicht. Den Pressetermin bei der Passauer Neuen Presse bestätige ich für morgen Früh in einem lokalen Redaktionsbüro im kleinstädtischen Freyung. Ich will bei diesen Temperaturen nicht nach Passau, nicht in einen Stadtverkehr fahren müssen. Schon am frühen Morgen ist klar, dass es ab Mittag trotz der Höhe wieder motorrad-hitzefrei geben wird.

Ein Spaziergang zum Dreisesselberg mit seinen 1.332 Meter Höhe. Hier, exakt hier, verlaufen die Grenzen. Auf jedem der in den Fels gehauenen »Sessel« sitzt man in einem anderen Land. Der Tag endet trotz schattigem Wald mit einem dicken deutsch-tschechisch-österreichischen Sonnenbrand. Raus aus der Sonne, den Rest des Tages einfach so vergammeln. Was für ein Luxus.

Das Interview am nächsten Tag verläuft toll. Annette Weilermann, eine reizende Redakteurin, findet das Thema spannend, ist selber eine Wandersfrau und versteht, dass zwei T-Shirts für eine lange Zeit ausreichen können. Wir gehen lachend auseinander, ich freue mich auf ihre Veröffentlichung morgen.

»The park's superb visitor centre ...« beschreibt Lonely Planet das Hans-Eisenmann-Haus in Neuschönau. Und das ist nicht übertrieben. Eine sagenhafte und liebevolle Ausstellung, anrührende Illustrationen, Exponate und TV/Dia-Shows über alles im und um den Bayerischen/Böhmerwald. Der Wald wird hier verehrt, ihm wird gehuldigt: »Hier spürst du noch, umwittert von Spuk, einen Hauch der Urzeit, den Atem des mütterlichen Bodens.«

Der Bayerische Wald war 1970 der erste Nationalpark Deutschlands, sein Besucherzentrum wird heute geleitet von Stefan Vießmann. Er fährt Moto Guzzi. Den Good Vibrations Verlag habe er beraten bei der Motorrad Tourenkarte »Dreiländereck« und schenkt mir gleich ein Exemplar. Wir sitzen lange zusammen, er überschüttet mich mit Tipps und bezeichnet die Region als ein unbekanntes Paradies für Motorradfahrer. Ich hätte gehört, erwidere ich, das sei für Motorradfahrer alles gar nicht so toll in Tschechien? Verwundert sieht er mich an und fragt, ob ich dies kenne? Nein. Oder jenes? Nein, auch nicht. Naja, das sollte man aber kennen. Aber was wirklich keiner kennt, da muss man unbedingt hin. Halt, unterbreche ich triumphierend, da war ich gestern, das kenne ich. Er ist erstaunt, weil das einer der echten Geheimtipps ist. Ich solle denen, die auf Motorradtreffs rumstehen und sagen, Tschechien sei uninteressant, nicht glauben. Motorradfahrer stehen nicht auf Treffs rum, sondern fahren Motorrad.

»Wir haben die Natur nicht von unseren Eltern geerbt, sondern von unseren Kindern geliehen«, sehe ich Häuptling Seattle im Hinausgehen zitiert.

Frauenberg – Burghausen

Meine Kleidung hat inzwischen eine etwas herbe Note bekommen

Stefan Vießmann hatte Recht. Ein Traum. Die Landstraße 39 am tschechischen Volary vorbei, entlang der aufgestauten Moldau um Horni Plana bis Cesky Krumlov. Begleitet von der Moldau an der Landstraße 160 rüber nach Österreich. Puh. So viele Eindrücke von Urwuchs, Ursprung und Wahrhaftigkeit. Tschechien ist toll. Auf und an der Moldau sommerliches Leben, Kanus, Fahrräder, Campingplätze voller Zelte. Richtige Zelte, keine Wohnwagen, keine Dauercamper. Tschechien wirkt jung.

Weiter. Atemlos. Keine Pause. Ich kann nicht aufhören zu fahren. Der Asphalt ist manchmal mies, manchmal perfekt. Um dann ohne Ankündigung in der nächsten Kurve einen dicken Krater in der Ideallinie, im optimalen Kurvenverlauf, zu verstecken. Krawummpfff. Schreck. Egal. Weiter. Ich bin im Rausch, kein Gestern, kein Morgen, nur Hier und Jetzt. Dann kommt eine Grenze. Grenze? Wieso Grenze? Ich komme wieder zu mir. Stimmt, Österreich.

Die Steinerne Mühl mit ihren vielen kleinen Nebenflüssen begleitet mich durch Oberösterreich auf kleinsten Traumstraßen. Die nun wieder mit Karacho in den Kurven gefahren werden können. Ganz nach vorne an den Tank rutschen, Blick weit voraus – Grundregel: Fahrt- und Blickrichtung trennen – und mit Schwung durch. Ein gutes Gefühl von Sicherheit und Vertrauen, die Straßenqualität in Österreich. Immer noch fährt mich jeder Einheimische, meist mit BMW oder KTM, lachend in Grund und Boden. Aber ich habe meinen Rhythmus gefunden. Die Pässe um Schallenberg und der Ameisberg bleiben in Erinnerung, ansonsten nur Kurven, Kurven, Kurven. Ich kann nicht mehr. Habe nichts gegessen, nichts getrunken. Dehydriere langsam. Halte an, nach Stunden, trinke gierig Wasser und schlinge vier dick belegte Wurstbrote, zwei Bananen, drei Müsliriegel runter. Mann, war das eine klasse Fahrt.

Der Artikel in der Passauer Neuen Presse ist mit Foto drin, sogar in Farbe, Annette Weilermann hat ganze Arbeit geleistet. Eine Daniela schreibt mir per SMS, sie finde meine Augen so schön. Der ortsansässige Honda-Händler lädt mich »auf a Toss Kaffä« ein. Meine Schwester Silvia ruft an, in der Borkener Zeitung, sie arbeitet dort, sei auch ein Bericht über meine Reise. Ich bin berühmt. Rolls-Royce, Yachten und Millionen sind offensichtlich nur noch eine Frage der Zeit.

Meine Kleidung, insbesondere jene unter dem Leder, hat inzwischen eine etwas herbe Note bekommen. Das Einweichen der langen Unterhosen und -hemden in irgendeinem Schaumzeug ist mittlerweile eine lieb gewordene Abendroutine. Die Herberge Burghausen, in der Nähe des Chiemsees, hat noch ein Zimmer frei, heute Abend wird gegrillt. Duschen, Durst, Hunger, Schlaf. Im Bad finde ich eine vergessene Hautcreme mit »aktiv restrukturierenden Liposomen« und ein Haarshampoo, genau das Richtige für meine lange Unterhose. Ein erfüllter Tag geht zu Ende. Es ist bereits dunkel, ich liege noch halbwach in meinem frischen Bett, zwischen meiner tropfenden Wäsche, und lächle. Im Hof spielt jemand leise klassische Gitarre.

Es wird wieder sehr heiß. Hitzefrei in Burghausen. Endlich mal etwas besichtigen können, in einer Stadt sich aufhalten mit hochgekrempelter Hose. Meine zweite Hose, die Nicht-Motorrad-Hose, sieht noch ganz passabel aus. Zwei kleine Löcher, etwas Butter, wenig Marmelade, Balsamico, Senf und Ketchup. Das geht noch. Also los.

Burghausen hat mit einer Länge von 1.043 Metern die längste Burg Europas. Nächtlich stolz illuminiert und von einer südländischen Altstadt unterstrichen, ist dies eine lebende, stolze Kleinstadt. Nur durch eine Brücke vom österreichischen Au an der Salzach getrennt. Ich genieße mein Hitzefrei, lasse mich treiben. Schicke Damen plaudern, lässig auf ihre Mini Cooper Cabriolets gelehnt. Das Wetter lockert die Kleiderordnung erheblich. Hochsommer. Eine Drogerie gebe es hier in der Altstadt nicht, antwortet die

Dame. Oder, vielleicht, ich solle mal da vorne links schauen, keine 100 Meter. Oder, noch kürzer, über die Brücke, nach Österreich.

Schon beim ersten Hinsehen ist die Verwandtschaft und mentale Nähe der Nationen an dieser Grenze weit größer als bisher Richtung Osten. Eiserne Vorhänge hinterlassen nun mal Spuren. Die erste Boutique gibt »50 % auf alle Sommersachen«. Auch Uta Samiri-Reichenberger gibt 50 Prozent auf alles, sie schließt ihren Laden für »Spirituelles und Stilles, Leuchtendes und Klingendes«. Als Schamanin und spirituelle Lehrerin wird sie weiter ihren Weg gehen. Sie sieht mich kurz an, ich solle doch dies mitnehmen. Und drückt mir dabei ein Buch über Kryon, Parabeln für die Zeitenwende in die Hand. Bin ich so einfach zu durchschauen?

Es ist sehr heiß. Im Schwimmbad – es herrscht wenig freizügige Kleiderordnung – bin ich in meine Lektüren über Österreich und die Zeitenwende vertieft, als ein Wärmegewitter etwas Frische bringt. Aus dem Radio klingt: »What a wonderful world«.

Burghausen – Bayrischzell

Null Angstrand ist hier normal

Ein Blick auf den Chiemsee zeigt, dass es Wochenende sein muss. Alles voll, die Straßen, die Strände, die Promenaden. Rechtzeitig drehe ich bei und steuere auf Bayrischzell zu. Dunkle Wolken verhängen die Berge. Berge? Sind das nicht schon die Alpen? Ja klar, die Alpen. Alpen, so ein magischer Begriff für einen Mann aus dem Norden. Wie Himalaya. Oder Elfenbeinküste. Das müssen sie sein, ich kann sie nur nicht sehen. Trotzdem, ich fahre weiter in den Nebel. Sobald ich von der Watte umgeben bin, ist es innen drin wieder ganz hell. Komisch, von unten sah das so nach Regen aus. Meine Kriterien für Nebel, Regen, Berge, Wolken und Wald gelten einfach nicht mehr. Hier ist alles anders.

Sudelfeld heißt die berühmte Bergrennstrecke, Sudelfeld heißt auch meine nächste Unterkunft. Nur wenige Stunden von Burghausen entfernt, ändert sich das Panorama gänzlich. Die Sanftheit der Hügel und Wälder wird steiler. Die Straßenführung anspruchsvoller. Die Motorräder immer teurer. Münchener Nummernschilder. Die Wochenend-Rossis fliegen mir wieder um die Ohren.

Angie und Mike haben 2001 dieses Haus übernommen, sie war Pressesprecherin bei MTV Europe, bevor der Sender nach Berlin umzog. Und jetzt hat sie hier ihr Glück gefunden. Mit ihrer Herberge, ihren Zwillingen, ihrem Mann. Sie wird als Vorzeige-Aussteigerin gehandelt, ein Fernsehteam des ZDF ist gerade da. Das Haus, auf 1.200 Meter Höhe, ist unglaublich. Eine richtige Almherberge, liebevoll, großzügig, stilvoll und charmant. Mit Sicht auf die umliegenden bayerischen Alpen. Besser geht nicht, keine Punktabzüge.

Mike erzählt von dem Chaos, das bestand, als sie die Herberge übernahmen. Sie hatten sich gleich in dieses Haus verliebt, damals, im nebeligen Oktober. Die sagenhafte Lage, der unglaubliche Blick auf die Alpen. Viel Sommer und viel Winter. Viel Potential. Verliebt in die Idee, hier zusammen zu leben, zu arbeiten, etwas daraus zu machen. Bewerben beim Jugendherbergswerk, das Ganze ging unerwartet schnell, wahrscheinlich weil sofort jemand gebraucht wurde.

Als dann der erste Tag in der eigenen Herberge kam, im Februar, sah es ganz anders aus. Alles in lieblosem Zustand, vergammelt, Angie schwanger mit Zwillingen, das Haus voll ausgebucht und keine Ahnung, was als nächstes zu tun war. Der Typ, der die Herberge als Lückenbüßer führte, drückte ihnen umgehend die Schlüssel in die Hand und ging. Da standen sie nun. Wären die Zivis nicht gewesen, wären die Gäste am nächsten Tag hungrig geblieben.

Dass an diesem Wochenende die Köchin erkrankt ist und man sich sein Abendessen in fünf Minuten Fußweg unten vom Motorradtreff holen muss, ist kein Problem. Im Gegenteil. Viele österreichische Kennzeichen, Motorräder der gehobenen Preisklasse. Die fahren hier sehr hohes Kurventempo, keine Angstränder an den Reifen. So nennt man die unberührten Flanken an den Motorradreifen. Die geben Auskunft darüber, wie tief sich der Fahrer in die Kurven legt. Keine Angstränder zu haben, steht im norddeutschen Flachland für extrem verwegenes und total straßenverkehrsordnungswidriges Fahren. Oder häufiges Rennstreckentraining. Oder sonst was Exotisches. Das gibt es im Norden eher selten, eigentlich gar nicht. Ein bis zwei Zentimeter Angstrand sind normal.

Hier, am Motorradtreffpunkt Sudelfeld, ist null Angstrand normal. Jürgen, er fährt BMW, erzählt, dass er mal mit Freunden an der Ostsee gewesen sei, mit dem Motorrad. »Mei, do fahr i aba mid an Audo bessa. Do broach i ka Motorradl net.« Das hier sei ja noch gar nichts. Am Kesselberg, da fahren die richtig Verrückten. Mehrere Tote pro Jahr. Am späten Freitagnachmittag finde da eine Schlacht statt. Rennen auf öffentlicher Straße. Am Wochenende ist der Kesselberg in eine Richtung gesperrt, um das ständige Rauf und wieder Runter zu unterbinden. Ich bin peinlich berührt. Das mit den fehlenden Angsträndern an den Reifen sei normal, so Jürgen weiter, hier gebe es ja nur Kurven. Das gehe gar nicht anders. Ein wenig beschämt denke ich an meine zwei Zentimeter Angstkante und schweige grübelnd.

Eine Honda VTR 1000 F wundert mich, verhaltener Fahrstil, unsicher fast, das Kennzeichen erklärt: Aaaah, Bremen. Drahtige Rennradfahrer und muskelbepackte Mountainbiker wirken neben den meist beleibten und deutlich älteren Motorradfahrern am Treff Sudelfeld sehr sportlich. Die Motorradfahrer dagegen im Vergleich eher unfreiwillig komisch. Die Rennradler reden mit gedämpfter Stimme über die Raserei vor ihren Augen. Am sympathischsten sind denen die ruhigeren BMW-Fahrer, die trotz, oder wegen der geringeren Lautstärke von Person und Fahrzeug kaum langsamer sind. Im Gegenteil. Alles vor meinen Augen ist schnell, sehr schnell. Den Vogel schießen eine KTM Duke und eine BMW R 1200 S ab. Sauschnell und souverän, die wohnen hier.

Die anderen Motorräder aber auch: Überholen, was das Zeug hält. Besonders da, wo eigentlich nichts mehr geht. Sich auf die überlegene Beschleunigung verlassend. Selbst die sportlichsten Rennsemmeln werden hier mit hohen Lenkern gefahren. Superbike-Lenker, genannt nach den seriennahen Rennmotorrädern der 70er-Jahre. Als die Dinger noch so wackelten, dass man ein richtiges Lenkergeweih brauchte, um das ganze Geschaukel halbwegs zu bändigen. Hier und heute machen die wieder Sinn, weil in diesem Kurvengeschlängel Handlichkeit vor Windschutz geht.

Österreicher an meinem Tisch reden über die so sagenumwobene Strecke Schauinsland im Schwarzwald. Eine Enttäuschung für jemanden aus der Alpenrepublik: »Des is a ganz normal a Stroßen.« Die Österreicher an meinem Tisch sind unaufdringlich, trocken im Humor und charmant. Obwohl in Deutschland, fühle ich mich ganz weit weg. Woanders eben. Die Leute hier reden anders, das Wetter ist anders, Landschaft und Straßen sowieso und, besonders auffallend, auf dem Motorradtreff gibt es keine Currywurst. Auch das hielt ich für ein unumstößliches Naturgesetz.

Genau heute bin ich einen Monat unterwegs und ermüde ein wenig. Diese andauernde Hitze macht mir zu schaffen. Der Schuberth S1, der im Neuzustand leiseste und deswegen sehr teure Sturzhelm, ist mit der Zeit zugig geworden und wird immer lauter. Meine Augen schmerzen von der grellen Sonne und der Zugluft im Helm. Oder bin ich einfach nur genervt, weil die hier alle verwegener fahren können als ich? Ein bisschen Händchenhalten wäre auch mal wieder schön. Ich glaube, ich habe meinen ersten Reiseblues, fühle mich nicht einsam, aber entwurzelt.

Bayrischzell – Oberstdorf

Butterbrote, Äpfel und die Alpen um mich herum

Abschied in Bayrischzell. Das schöne Wochenende ist vorbei, die Straße leer, die Kamikaze wieder verschwunden. Jetzt will ich es wissen: Sudelfeld so schnell ich kann rauf und runter. Geht gut, finde ich. Immer auf Zug halten, ran an den Tank rutschen, weite Blickführung. Mit voll bepackten Koffern und noch vollerer Gepäckrolle hinten drauf. Ich finde mich gar nicht schlecht, bis ... ja, bis dieses kleine rote Ding an mir vorbeizischt. Wwwwuuuusch. Noch nicht mal laut, einfach nur wusch. Mist.

Der südlichste Abschnitt meiner Reise steht heute an. Zu Hause, in meinem Büro, hängt an der Wand eine große Deutschlandkarte. Als Motivation und Teil meiner Reiseplanung. Aachen der westlichste, Flensburg der nördlichste, Görlitz der östlichste und Garmisch-Partenkirchen als südlichster Punkt. Das war immer so weit weg und nur ein

Traum. Jetzt bin ich hier. Und schwitze. Bayrischzell, Schliersee, Bad Tölz zum Kesselberg.

Bei Kochel am See ein kleiner Stopp, mal sehen was so los ist auf dieser sagenumwobenen Straße. Ich als norddeutscher Tourenfahrer und Motorradwanderer sehe keinen Unterschied. Kamikaze wie gehabt, KTM sind die Platzhirsche. Anna ist etwa dreißig, blond und schön. Ihre Yamaha R 6 hat keine Angstränder. Der Reifen sieht gnadenlos geschunden aus. Sie nimmt sich öfter einen Tag frei, am liebsten montags, und fährt dann den Berg, wie sie sagt. Das heißt, immer wieder und immer schneller rauf und runter. Sie hält jedes Mal, und wir reden ein bisschen, dann fährt sie wieder. Ein Butterbrot lang dauert eine Runde. Nee, Touren fährt sie nicht, die Yamaha sei zu unbequem dazu, und ein schweres Motorrad wäre ihr zu schwer. Dann lächelt sie unwiderstehlich mit ihren blonden Zöpfen und fährt die nächste Runde. Ich bin beeindruckt. Die Strecke um Kochelsee und Walchensee ist sehr schön, aber das interessiert zumindest die Motorradfahrer hier offensichtlich nicht wirklich.

Zur Orientierung während des Fahrens merke ich mir nach einem Sekundenblick auf die Karte im Tankrucksack, dass ich dieseoderjene Strecke kurz nach Norden, Richtung München, nehmen muss und dann links ab Richtung soundso und ... Ich stutze, mir wird bewusst, dass München, für einen Hamburger der Inbegriff vom südlichsten Süden Deutschlands, jetzt im Norden liegt. Bin ich weit weg.

Die Regionen, die ich inzwischen bereise, sind wieder spürbar dichter besiedelt. Traumhaft ist die Waldstraße von

Ettal nach Reutte, durch Österreich. Ich sitze mit nackten Füßen im Gras an einem eiskalten Gebirgsfluss, keine Ahnung ob in Deutschland oder sonst wo, auch kein Gefühl für Donnerstag, Sonntag oder Dienstag. Butterbrote, Äpfel und die Alpen um mich herum. Mein gestriger Reiseblues ist verflogen.

In Oberstdorf im Allgäu beziehe ich Quartier und verabrede mich für übermorgen mit einem Redakteur einer regionalen Zeitung. Morgen sehe ich Angelika aus Hamburg, sie macht hier Urlaub mit ihrer Triumph. Ein Zufall. Wir freuen uns, dass es klappt mit unserem Treffen. Motorradfahren? Nee, zu heiß, wir verabreden uns zum Baden an einem der vielen Seen bei Füssen. In meiner Unterkunft ist eine Zapfsäule, aus der echtes Quellwasser fließt. Schmeckt nach echt. Eine große Portion Spaghetti, Salat und so viel Schokopudding wie ich will. Ein Tag geht zu Ende. Was für ein Leben.

Und es geht so weiter. Der Tag am Weißensee an der österreichischen Grenze. Die Anfahrt geht durchs österreichische Tannheimer Tal, diverse 2.000er in Sichtweite. Großes Kino. Und das Kurvengeschlängel um den Oberjoch Pass. Für einen Norddeutschen mache ich das gar nicht so schlecht, bremse immer später. Verschwitzt komme ich an, ich freue mich, ein vertrautes Gesicht zu sehen. Kurzes Hallo und ab ins Wasser.

Der Tag plätschert vor sich hin, Stunden vergehen wie Minuten. Alle Menschen um mich sind offensichtlich im Umbruch, wandeln ihre Werte. Aber wir seien noch nicht

77

reif, sagt Angelika. Die kritische Masse sei noch nicht erreicht. Sie bleibt ein paar Tage hier, um dann ihr Meditations- und Yogazentrum in Bad Meinberg zu besuchen. Wir sind traurig beim Abschied.

Das Zeitungsinterview wird kurzfristig vorverlegt. Prima. So kann ich den Tag noch zu weiteren Erkundungen nutzen, bevor die Mittagshitze lustvolles Fahren vereitelt. Um neun Uhr treffe ich den Lokalreporter, einen älteren Herrn, schon seit über zwanzig Jahren hier vor Ort, sagt er. Ihm fällt immer wieder die Kamera aus der Kameratasche, die sei wohl nicht mehr so ganz in Ordnung. Werde er wohl zum Schuster bringen müssen.

Seine Fragen und Kommentare haben wenig mit dem Anliegen einer Deutschlandumrundung zu tun. Er redet und erzählt, was früher war, heute sei das ja alles nicht mehr so, ich komme kaum zu Wort. Was ich denn bisher im Allgäu so erlebt habe? Da ich bisher nur den gestrigen Tag schwimmen war, kann ich lediglich über die tief empfundene Schönheit dieser Landschaft sprechen. Und dass ich zunehmend ein Gefühl von Enge empfände, der Verkehr und die Bevölkerungsdichte nähmen offensichtlich zu. Für jemanden, der vom Meer komme und weite Horizonte liebe, seien die Berge interessant, spannend, außergewöhnlich. Aber auch beengend. Ob in der Oberpfalz, im Allgäu oder in Österreich.

Als ich beginne, weitere Vergleiche zu bisher erfahrenen Bundesländern zu ziehen, hört er gar nicht mehr zu und winkt ab. Das hat wohl wieder nicht genug mit Oberstdorf zu tun. Na gut, ich versuche es noch mal anders. Der gestrige Eindruck war, dass die Natur, das Wasser und die Seen sehr sauber und sichtlich gepflegt sind. Auch der Wohlstand dieser Region fällt mir im direkten Vergleich auf. Und dass man hier ausnahmslos bekleidet badet und schwimmt, dies ist im Norden wie im Osten Deutschlands in dieser Konsequenz unüblich. Mein Gegenüber wird Feuer und Flamme. Das interessiert. Ich ärgere mich, denn jetzt kriege ich den Mann nicht mehr aus seinem Nackedei-Thema raus, was für mich keine weitere Erwähnung wert ist.

Ein Hotelier kommt vorbei, mein Gegenüber kennt ihn selbstverständlich und setzt ihn sinngemäß mit dem Satz in Kenntnis, dass ich aus Hamburg sei und dass im Norden alle nackt baden würden. Höhöhö. Reeperbahn, Sylt und so, das kennt man ja. Höhöhö. Der junge Hotelier und Gastronom kommentiert, dass »in den Ecken dann wohl alle noch ein Nümmerchen machen« würden. Höhöhö. Ich bin pikiert und empfinde Enge, Bigotterie und Provinz.

Es wird fast Mittag, es ist sehr heiß geworden, 38,4 Grad zeigt ein Thermometer. Ein Schwertransport, begleitet von einer Polizeieskorte, eine Ewigkeit bei 30 km/h, kochendem Motor und knallender Sonne in schwarzem Leder mit langen Unterhosen, verdirbt den Fahrspaß endgültig. Überholen mag zulässig sein. Vielleicht aber auch nicht. Das Gefühl von Enge nimmt dagegen zu. Eine eher lustlose Tour in schweißnasser Kombi, ein paar Pässe, ganz ordentlich gefahren, meine Brotzeit am Berg. Ein fader Geschmack bleibt von diesem Zeitungsinterview. Auf provinzielle Enge reagiere ich seit jeher fluchtartig. Meine Zeit hier ist um. Ich tanke voll mit diesem tatsächlich spritsparenden Shell-Benzin – ein Liter weniger auf 100 Kilometer – und buche meine Unterkunft am Bodensee.

Nach dem Abendessen beruhige ich mich. Denn es ist Hochsommer, täglich werde ich mehrfach bekocht, habe sogar schon zugenommen, wo ich sonst eher zu Untergewicht neige. Außerdem fahre ich eine Deutschlandumrundung mit meinem Motorrad und sitze in kurzen Hosen im Garten mit Flip-Flops an den Füßen. Es gibt Schlimmeres. Andi, einer der Zivildienstleistenden der Herberge, macht Pause und erzählt mir, dass er hier nicht nur Küchengehilfe und Hausmeister, sondern auch ein guter Snowboard-Trainer sei. Und dass er schon durch ganz Europa getrampt sei. Der 21-jährige ist hellwach, sieht beneidenswert gut aus und grinst, als er von seinen Snowboard-Frauengruppen im Winter erzählt. Wir verabschieden uns mit »Ist ein wildes Leben«.

Oberstdorf – Lindau

Der Duft des Südens

Über den Riedbergpass und Bregenz nach Lindau. Aufgestanden bin ich um 5.30 Uhr, umpacken, satteln, Qi Gong, rasieren, diesmal Bart und Schädel, Kaffee und Croissants, in die langen Unterhosen und in die Kombi. Um halb acht komme ich los, ich muss vor 11.00 Uhr in Lindau sein. Die Hitze ist wie in 2003. Unerträglich. Mehr als drei Stunden Motorrad am Tag geht nicht, selbst Unterkünfte auf über 1.500 Metern liegen um die 35 Grad. Baden oder mit dem Schiff auf dem Bodensee rumschippern, das wär's. Und mal wieder ein Städtchen besuchen statt nur noch auf der Alm nächtigen, ist der Plan.

Lindau ist klein, wenig über 20.000 Einwohner, pittoresk und wirklich schön. Provinzielle Enge macht mich wie schon erwähnt grundsätzlich aggressiv, aber das hier hat einfach Flair. Am Horizont verschmelzen der Riesensee und der Dunst des schwülen Tages zu einer Illusion von Weite. Mediterran, diese abgegriffene Vokabel passt. Besonders auf die kleine vorgelagerte Lindau-Insel. Durch eine Brücke verbunden, ist dieses Eiland so charmant, die Altbauten so authentisch, die Leute so entspannt. Touristen überall, 42 Grad im Schatten lähmen. Ich gehe an einer kleinen Sackgasse vorbei, stutze, bleibe stehen. Blüten und ein bisschen Fäulnis. Das ist der Duft des Südens. Dieser ganz spezielle, hitzeschwangere Geruch, der in den Straßen aller südlichen Länder gleich ist und in Nordeuropa nicht vorkommt. Ja, es riecht nach Hitze, Blüten und ein bisschen Fäulnis. Ich bin im Süden.

Das Schiff – Fähre darf man nicht sagen, das sind nur die mit den Autos drauf – bringt mich nach Kressbronn, Wasserburg, Langenargen bis Friedrichshafen. Eine schöne Fahrt, die Alpen auf der schweizerischen Seite wirken wie Saurier in dem warmen Dunst in ihrer Erhabenheit. Auf der deutschen Seeseite lachen einen diese bunten Städtchen an. So wäre ein belebtes Görlitz, nur eben am Wasser. An Deck meiner Fähre, pardon: meines Schiffes, denke ich kurz an die Nordsee und muss schmunzeln. Das hier ist weich gespült dagegen. So ein flauschiges Kuschelweich. Ich glaube, hier komme ich im November noch mal her, dann muss es wirklich schön sein.

Mir ist heiß. Um die Ecke ist das Römerbad, eine kleine, abgegrenzte Ecke des Bodensees. Elke lauscht gezwungenermaßen meinem Telefonat, wir kommen schnell ins Gespräch über den Sinn des Lebens. Sie hat vor kurzem ihren Job auf eine Halbtagsstelle reduziert und ist jetzt zusätzlich Tanzlehrerin. Diese Kombination sei nun endlich das, was ihr gut tue. Aber ein schlechtes Gewissen habe sie, jetzt nicht mehr wie ihre Kollegen erschöpft und ausgelaugt zu sein. Das seien doch alle, irgendwie gehöre sich das doch so.

Die Schwäbische Zeitung, Ausgabe Lindau, liegt gleich in der Altstadt, auf dem heutigen Weg zur Badeanstalt. Ich latsche einfach rein, verschwitzt wie selten, stelle mich und mein Reiseprojekt etwas atemlos vor, der Chef erinnert sich an meine Pressemitteilung, jetzt keine Zeit, Interview in drei Stunden. Ja gut, bis dann. Die sind auf zack. Noch kurz ins Römerbad, plaudern mit Elke, Interview, Internetcafé, Römerbad, Spaziergang durch Lindau.

Wieder ein Dreiländereck, das dritte schon: Deutschland, Österreich und die Schweiz. Und es ist Hochsommer. Die Tage werden bereits spürbar kürzer. Und Deutschland wird spürbar reicher, rechtschaffener, gesetzter, vorhersehbarer. Weich gespült eben. Und die Hitze lähmt sogar die Gedanken.

Mein letzter Tag in Lindau beginnt übernächtigt, zu warm zum Schlafen. Im Römerbad – »Kurschatten« Elke wartet schon – kennt man mich bereits. Der altbackene Charme dieses separierten Seebades im Bodensee gefällt mir. Es gibt ein winziges, kaum zwei Quadratmeter großes Häuschen, die »Umkleidekabine zum Wechseln der nassen Badebekleidung«. Ich dachte zunächst, es wäre neuerer Bauart. Denn die Prüderie dieser Region, besonders der Bademode, ist auffallend. Aber das Häuschen ist aus der »guten alten Zeit«, wie der Bademeister mir erläutert. Aha. Die Strandbad-Currywurst wird von Tag zu Tag besser. Die Chefin Renate scheint mich in ihr großes Imbissherz geschlossen zu haben.

83

Ich fühle mich richtig wohl in diesem Örtchen namens Lindau am Bodensee, obwohl mir touristische Orte sonst tiefst zuwider sind. Sogar die Jungs in meinem Internet-Laden »Print & Plott« sind mehr als herzlich: »Setz di da nieder, machscht was, dann kommscht und zahlscht irgendwas.« Ob in der Eisdiele, der Zeitungsredaktion, dem Internet-Laden, der Herberge, auf dem Schiff: Alle sind unangestrengt und ehrlich herzlich. Die Sonne und Wärme der Region schaffen offensichtlich einen Menschenschlag, der froher zu sein scheint. Norddeutsche leben im Dauernieselregen und sehen daher anders aus.

Als jemand, der normalerweise nackt badet und überhaupt nichts dabei findet, nutze ich zum ersten und einzigen Mal die Umkleidekabine aus der guten alten Zeit. Fühlt sich an wie früher, als Kind, als man sich noch total genierte. Eine trockene Unterhose habe ich nicht dabei, diesen Abzug in der B-Note behalte ich für mich.

In der Herberge ist heute ein großes Fest, 100 Jahre Jubiläum von irgendwas. Es gibt Essen, Trinken, Gesang, Tanz, Instrumentalmusik. Und gar nicht mal schlecht. Macht Spaß, es ist um 18.00 Uhr immer noch zu heiß, alle Gäste drängen in den Schatten. Zum ersten Mal habe ich einen richtigen Abschiedsblues auf meiner Reise. Hier, in Lindau, hat es mir wirklich gefallen. Und heute fiel mir auf, dass meine Reise schon bald in mir bekanntere Regionen führen wird, dass dieses mir gänzlich unbekannte Deutschland bereits hinter mir liegt. Ein unschönes Gefühl von Rückweg. Ich verabschiede mich von meinem Kurschatten. Im Hof singt der Chor »Tears in heaven«.

Lindau – Todtnauberg

Die beiden Grenzer bellen mich an und duzen mich

Heute verlasse ich Lindau und fahre über die Schweiz in den Schwarzwald. Die charmanten Damen an der Rezeption meiner Herberge scheinen enttäuscht über meine Abreise. Gestern las ich mich ein bisschen in den Reiseführer Schweiz ein, und eine Neuigkeit hat dann doch beeindruckt: Auf Bundesebene Frauenwahlrecht. Jetzt seit über dreißig Jahren. Schon toll. Und dass die Schweiz eines der reichsten Länder der Erde ist, verdankt sie bestimmt nicht dem Bankgeheimnis und den Fluchtgeldern aus aller Welt. Sagt zumindest der Reiseführer.

Man sei halt Gastarbeiter, sagt der deutsche Computerfachmann – IT Manager – an meinem Tisch. Und das ließen sie einen auch spüren. Touristen als Devisenbringer seien willkommen, Ausländer an sich aber nicht. Hmmm, klingt ja erst mal nicht so toll. In Davos habe ich mich als Skifahrer im Winter oder Wanderer im Sommer immer sehr wohl gefühlt, früher, als Student und Selbstversorger. Rüeblitorte liebe ich seit Jahrzehnten. Über die Colliers in den Auslagen für weit über 100.000 Schweizer Franken wunderte ich mich allerdings schon damals. Später, als Motorradfahrer, fühlte ich mich eher abgewiesen, unwillkommen. Mal sehen, wie es wird. Hoffentlich kühler.

So früh es geht, raus aus Lindau. Über Bregenz, Arbon, Romannshorn, Kreuzlingen und Schaffhausen. Einen Grenzübergang bemerke ich gar nicht. Nicht nur an der Schweizer Seite des Bodensees, sondern überall erfreut die Lieblichkeit, Sauberkeit und Postkartenidylle dieses winzigen Landes mit seinen insgesamt noch nicht einmal acht Millionen Einwohnern. Manche Einfamilienhäuser haben im Garten eine kleine Wiese für die Hauskühe. Die Straßen, Panoramen, die Natur: Vorbildlich. Ich genieße die Fahrt. Werde aber einen Vorbehalt nicht los, den ich nicht erklären kann. Der in Österreich nicht da war. Ich fühle mich beobachtet, überwacht.

Bei Schleitheim überquere ich die Grenze nach Deutschland, es ist Mittag und glühend heiß. Eine Schlange von Bussen und Autos am Grenzübergang wundert mich. Ich muss in den Schatten. Und fahre vor, um wenige Meter neben den Grenzpolizisten im Schatten zum Stehen zu kommen. Die beiden Grenzer laufen sofort auf mich zu, unterbrechen die Abfertigung der Wartenden und bellen mich an, duzen mich und rufen, dass für so was in der Schweiz der Führerschein entzogen würde. Ich meine, der eine hätte sogar nach seinem Pistolenhalfter gegriffen. »Was, so was?«, frage ich, bin völlig verwirrt und weiß nicht, was ich getan haben soll. »Das Überqueren einer Sicherheitslinie.« Immer noch total verdattert sehe ich hinter mir eine verblichene weiße Linie, die in der Sonne kaum noch zu sehen ist. Entschuldigung, nicht gesehen, die Sonne, kurzzeitig geblendet wohl, keine Absicht, mea culpa.

Die beiden sind immer noch völlig aus dem Häuschen und erinnern mich an meine Zeit in West-Berlin. Die ostdeutschen Grenzer auf der Transitstrecke nach Westdeutschland waren genauso unentspannt, kleinlich und humorlos. Ich überzeuge die Herren von meiner Harmlosigkeit und davon, dass ihr Land nun in keiner nennenswerten Gefahr mehr sei. Die werden wohl heute Abend zu Hause erzählen, dass ein deutscher Motorradrowdy rücksichtslos die Schweizer Sicherheitszone missachtet hat und sie fast von der Schusswaffe Gebrauch machen mussten, um Schlimmeres zu verhindern. Großmütig werde ich ohne weiteres Strafmaß durchgelassen. Und atme auf.

Die Strecke durch den Schwarzwald entschädigt für den Schreck. Ich rieche bereits Frankreich. Auf dem Feldberg eine kleine Pause. Kein Motorrad-Treff, aber ein Mutter-Kind-Heim sorgt für angenehme Gesellschaft. In der Mittagshitze erreiche ich meine Unterkunft, schmeiße das Leder in die Ecke und erfreue mich des Schwarzwald-Panoramas in Todtnauberg.

Vor dem Frühstück freut sich Claudia aus Tirol über die schöne große Honda. Und dann noch aus Hamburg. Ihr Mann aus Itzehoe zeigte ihr einst die Schönheit des Nordens. Von Weite erzählt sie, von endlosem Horizont und hört nicht mehr auf zu schwärmen. Denken könne man besser am Meer. Die Weite befreie den Geist, sagt sie. Ganz natürlicherweise seien Menschen aus den Bergen räumlich und mental beschränkter in der Wahrnehmung. Nie weiß man, was hinter dem Berg liegt. Allein wenn man München mit Hamburg vergleiche, merke man das, sagt sie. Auch ihre Kinder liebten den Norden. Und das alles sprudelt aus ihr heraus, noch vor meinem ersten Kaffee. Zu Hause sei nun mal da, wo die Wiege stand, und hier gebe es ja auch mehr Arbeit als im Norden. Aber mindestens einmal im Jahr müsse sie in den Norden. Am besten an die Nordsee, wenn die Herbststürme begännen. Die pusteten das Gesicht und das Hirn frei. Ein Nordmann fährt in die Berge und eine Bergfrau schwärmt von der See. Ein erstes kleines, zartes, ganz, ganz kurzes Heimweh.

Jetzt aber endlich Kaffee, wieder nix, Telefon klingelt, Buggi, Jugendfreund aus Nordrhein-Westfalen. Er wohnt jetzt am Bodensee, Provinz nicht mehr ausgehalten, ja, Schweizer nerven, schade, am Bodensee schon vorbeigefahren, knapp verpasst. Im Herbst in Hamburg, bis dann, tschüss. Diese Art Männerfreundschaft, bei der man auch nach mehrjähriger Unterbrechung ohne Ruckeln und Fremdeln das Lachen von damals wieder aufnehmen kann.

Die Sonne steht schon hoch, 9.30 Uhr. Fototag. Um 11.00 Uhr bin ich selbst im Schatten nass geschwitzt. Motorradfotos gehen eben nur in Motorradbekleidung. Bergschwimmbad, 15 % Gefälle auf der Liegewiese. Eingedöst, meine Äpfel rollen runter, weit runter, in den Bach, hinter den Zaun. Das ging so schnell, so hektisch mit meinen Äpfeln, dass ich albern lache, als ich in die Banane beiße und merke, dass ich über deren vorteilhafte Form sinniere. Das Bergwasser ist wunderbar frisch. Die Bademode ist zum Piepen. 60er/70er-Jahre. Das Schwimmbecken ist etwa 100 Quadratmeter groß, die Umkleidekabinen nicht viel kleiner. Zehn Meter über mir weiden braune Kühe.

Todtnauberg

Die schönste Straße meines Lebens

Ein langer Tag. Ein Teilstück der Schwarzwaldhochstraße und die Pässe um Hochkopf, Feldberg, Schauinsland, Kandel sind heute dran. Früh weg, Nadine, die schöne Betreuerin der hiesigen Kindergruppe, bringt mir den Kaffee. »Sonst kommst du wieder nicht rechtzeitig weg ...« Wie aufmerksam. Schauinsland ist schon ein toller Start. Ich merke, dass ich abstumpfe, denn mir fallen die Worte der Österreicher am Sudelfeld ein: »... des is a ganz normal a Stroßen.« Klar, klasse Panorama, großes Kino. Ich als Mann aus dem Norden finde aber fast alles hier im Schwarzwald so sensationell, dass dieser Schauinsland zwar auch sensationell, aber kein wirklicher neuer Knaller ist.

In der Studentenstadt Freiburg passiert das Unglaubliche: Es regnet. Es kühlt ab. Die Wettervorhersage lautete bis zu 39 Grad. Regen. Dass ich mich als Motorradfahrer darüber mal so freuen könnte, hätte ich nie geglaubt. Es gießt aus Kübeln. Rechtzeitig erreiche ich als einziger Gast ein Café mit einem großen Schirm, nehme im Trockenen sitzend einen Milchkaffee und beobachte das Geschehen. Plötzliche und starke Regenfälle bewirken bei den zahlreichen, sommerlich dünn gekleideten Studentinnen Sehenswertes. Freiburg ist eine schöne Stadt. Wieder geht der Wolkenbruch so schnell, wie er kam. Es ist tatsächlich »kühl«, unter 30 Grad. Endlich.

Herrliche Straßen und Aussichten überall. Oberniederbach hat sein Unteroberniederbach, ein Unterniederbach folgt. Ein Niederberg versucht den Anschluss zu halten. Die Ortseingangs- und Ortsausgangskruzifixe werden größer. Drei Meter Höhe sind Standard geworden. Alle paar Kilometer stehen die rum. Ich bin nicht sonderlich christlich, aber es gefällt mir. Die Kurven verlaufen in weiten, einsichtigen Bögen und machen viel Spaß, lassen sich sauber zirkeln.

Und dann die B 500. Die Schwarzwaldhochstraße. Mir fehlen die Worte, und das kommt nicht oft vor. So etwas Perfektes an Landschaft in Deutschland hätte ich nicht für möglich gehalten. Ich verrenke mir noch den Kopf nach dem Panorama, das gerade hinter mir liegt und dann das. Und noch eins. Und noch eins. Das gibt's doch nicht. Die schönste Straße meines Lebens. Wenig befahren – es ist später Mittwochvormittag – und ich bin auserwählt, hier zu sein. An einem dieser Aussichtspunkte halte ich, fotografiere, setze mich ins Gras und weiß nicht, was schöner sein könnte, als hier zu sitzen. Auch »Lonely Planet« lobt den »Black Forest Highway … originally used to transport

lumber ... is scenically beautiful.« Wow, kein Punktabzug
für diese Straße.

Der Kuppeldom von Sankt Blasien, wenige Kilometer
vom Feldberg entfernt, ist ein pompöser Beleg der ehemaligen Macht dieser Stadt in der Region. Ich bin ein wenig
peinlich berührt von solcher Opulenz und diesem demon-
strativen Reichtum. Am Eingang erbittet eine Schale »Eine
Spende für die Armen«. Der Flyer »Kleiner Domführer«
(30 Cent) zitiert den Fürstabt Martin Gebert zu dem kost-
spieligen Prachtbau seines Tempels: »Wenn schon die Mäch-
tigen der Welt ihre Prunkschlösser und ihre Paläste bauen,
sei doch wohl dem majestätischen Herrn und Gott ein
glanzvolles Haus angemessen.«

Wieder in der Herberge das Abendritual: Verschwitze
Wäsche durchwaschen, die ZEIT lesen, Essen. Nadine
fragt, ob ich mit ihr »Gute Zeiten, schlechte Zeiten« sehen
möchte. Ich habe seit Wochen nicht mehr fern gesehen und
hab das noch nicht mal bemerkt.

Heute wird der höchste Naturwasserfall Deutschlands in
Todtnau besichtigt. 97 Meter insgesamt, teilweise unterbro-
chen durch Felsvorsprünge, knallt das Ding runter. Das
Wasser ist erstaunlich warm, die hohen und andauernden
Temperaturen haben selbst Felsquellwasser erwärmt. Eindrucksvoll, aber in meiner Ledermontur viel zu warm. Ich
könnte genauso im Taucheranzug mit Schwimmflossen
durch den Wald wandern. Mit Motorrad anhalten ist bei
dem Wetter Unsinn. Schon eine rote Ampel kann zur Sauna
werden. Aber absteigen und sich bewegen verdirbt Weiteres

endgültig. Nur kurzes Spazierengehen, selbst im Schatten am frühen Morgen, und der Tag ist gelaufen. Mein Fehler.

Die Wiege der Rudolf-Steiner-Schulen in Dornach, südlich von Basel, wollte ich mir noch ansehen. Das wird nix mehr. Also wieder hitzefrei, Bergschwimmbad. Heute ohne Äpfel, nur noch Bananen. Um nicht auch nur noch einen einzigen Meter gehen zu müssen, parke ich fast im Bademeisterhäuschen. Und erwarte dafür einen größeren Anpfiff. Stattdessen: »Boah ey, geile Karre«, sagt der Bademeister. Ekki ist aus Sachsen-Anhalt hergezogen. Hier gibt's Arbeit. Er hat diese Bademeister-Autorität, der sich selbst die wildesten Bengels fügen. Eine laute Wasserkeilerei, ein kleines Mädchen weint. Entschlossener Schritt zu den Raufbolden, ein energisches »Raus!« Ein Schlusswort. Die Kleine hat sich sofort in Ekki verliebt, planscht nur noch in seiner Nähe und lächelt ihn an.

Ein Tag in der Badeanstalt. Die braunen Kühe über mir kratzen sich am Baum oder essen Gras oder käuen Gras wieder oder stehen am Hang schief rum oder machen Pause. Manchmal machen sie auch gar nichts. Schöne Tiere, Kühe. Ob schon mal eine von denen von da oben in die Badeanstalt runtergefallen ist? Die hübsche Mutter neben mir liest »Der Traumfänger« und erklärt, dass die Kühe hier verschieden lange Beine haben, schiefe Bergkühe, die fallen nicht runter. Am Abend kühlt es deutlich ab. Berggewitter. Donner und feuerwerksartige Blitze erhellen den Himmel links und rechts und überall. Manchmal blitzt es aus zwei Richtungen gleichzeitig, und die knallen dann zusammen. Wie bei einem Sylvesterfest. Aber kein Tropfen Regen.

Abschied, wieder mal. Vier Nächte in Todtnauberg. Zum Ende hin komme ich die enge, und ansteigende Kehre zur Burgherberge schon ganz gut mit Schwung hoch. Nadine schmollt ein bisschen. Mehr als drei Nächte an einem Ort binden. Schon wieder ein kleiner Abschiedsblues. Zum letzten Mal lese ich das Schild am Eingang zu den Speiseräumen: »Auf den Tisch gehört der Kuchen, da hat der Popo nichts zu suchen.« Jugendherbergsprosa in handgemalter Schönschrift vom Herbergsvater persönlich getextet und angefertigt.

Am Abend liegt warmer Regen in der Luft. Es ist so was Ähnliches wie kühl, unter 30 Grad und bewölkt. Meine Reise geht ab jetzt mit der Sonne im Rücken weiter, nach Norden, an der französischen Grenze entlang. Im Schwarzwald ist Saison, es fällt schwer, ein Zimmer für mich alleine zu bekommen. Ein bereits belegtes Mehrbettzimmer möchte ich wegen dem vielen Gepäck, dem Laptop und der teuren Kamera nicht so gerne.

Zuflucht

Zuflucht in Zuflucht

In Zuflucht liegt die Herberge Zuflucht in der Straße Zuflucht 1. Das Haus Zuflucht 2 liegt gegenüber. Das ist alles. In Zuflucht 2 wohnt eine Katze. Ohne zu achten geht die hin und her über die Straße. Und ist so zehn Jahre alt geworden. Was alles über den Autoverkehr aussagt. Oder über das Glück der Katze. Es wird Wochenende im Schwarzwald, alle Herbergen sind ausgebucht, nur in Zuflucht finde ich – das Wortspiel muss sein – Zuflucht. An Wochenenden will ich nicht mehr so viel fahren. Der Zauber dieser wundervollen Landschaften leidet bis zur Unkenntlichkeit durch die dann allgegenwärtige Vollgasfraktion.

Kreuz und quer rolle ich durch den Schwarzwald, die Routenwahl ist üppig. Alle Landstraßen sind wunderbar, man kann nichts falsch machen. Sogar Bundesstraßen, allen voran die B 500, sind ein Gedicht. Ab Triberg nervt der dünne, warme Sommerregen. Ich lache fast, als ich bei der

Wärme meine Überjacke anziehe. Ein Stau im Regen auf der B 194. Das nervt jetzt aber doch, ich kriege kurzzeitig richtig schlechte Laune. Der Verkehr steht, ich auch, der Bus hinter mir auch. Ich steige ab, schaue, was da vorne los ist, nix zu sehen, drehe mich um und traue meinen Augen nicht. Der Bus hinter mir ist voller schöner, junger Frauen. Ich habe noch den Helm auf, aber die winken und werfen Kusshändchen und lachen und sind albern. Ich lache, winke zurück, bin ganz verlegen und aufgeregt und freue mich über diesen Augenblick.

Mit dem Motorrad im Regen bei stehendem Stau. Nun dränge ich mich doch vorbei und muss noch lange schmunzeln beim Gedanken an den Bus. Kaum wieder in Fahrt, kommt die Sonne durch, es wird heiß. Pause in einem Café bei Kniebis an der B 500. Wegen des Regens und der dunklen Wolken bin ich seit heute Morgen fast durchgefahren. Um 16.00 Uhr die erste Pause, der Hintern tut weh. Zum ersten Mal ist die Sprache an den Nachbartischen Belgisch und Französisch. Viele belgische Motorräder, große und teure Tourer, BMW oder Honda, Klapphelme, leise, seriös und entspannt.

Jens aus Delmenhorst bei Bremen mit seiner Yamaha MT 01 übernachtet nie in Jugendherbergen, sucht aber dringend »'ne Dusche, ein Bett und'n Frühstück«. Einen Herbergsausweis hat er nicht. Wir reden beide auf den Herbergsleiter ein, Neukundengewinnung und so, der drückt ein Auge zu. Mit Stühlen aus dem Garten sitzen Jens und ich kurz darauf vor der Herberge an der fast unbefahrenen Straße. Wir lachen, sehen einen abgeklebten Mercedes-Prototypen, einen irre frisierten NSU TT aus den 60ern mit einem Fahrer aus den 30ern, essen unser Abendbrot, und die Sonne geht unter wie auf einer Fototapete. Er erzählt von seinem Blumenhandel, von dem Moto-Cross-Unfall, als das Motorrad nach einem sehr weiten Sprung auf ihn stürzte. Als er im Krankenhaus aus dem Koma erwachte, nicht mehr Deutsch, sondern Englisch sprach und erklärte, ein Fußballer zu sein. Er selber kann sich daran nicht mehr erinnern. Seiner KTM war zum Glück nichts Ernstes passiert.

Wieder die Schwarzwaldhochstraße, die B 500, 60 Kilometer zwischen Freudenstadt und Baden-Baden. Drei Mal auf und ab. Eine unglaubliche Strecke. Ich staune und staune und staune. 360 Kilometer verhaltene Fahrt mit einer Tankfüllung und noch nicht auf Reserve. Dieses Shell Super 95 spart spürbar. Kein Werbegag.

Eine Besichtigung des Lothar-Parks direkt an der B 500. Benannt nach dem gleichnamigen Sturm Weihnachten 1999, der den Schwarzwald wörtlich in Stücke riss. Im Park wurde nichts beseitigt und alles der Natur überlassen. Beeindruckend, wie die Baumleichen einerseits tragisch nur noch Fragmente ihrer selbst sind. Andererseits wächst zwischen all dem toten Holz schon lange wieder junger Wald nach. Von ganz allein. Wer hätte das gedacht.

Und noch ein ungeahntes Ereignis: Ich habe heute keine Lust mehr, Motorrad zu fahren. Wie ein Südeuropäer, der so viel Sonne hat, dass er nicht jeden sonnigen Tag nutzen muss, verzichte ich ab dem frühen Nachmittag auf das Motorradfahren. Irgendwann reicht es. Das Wetter ist hochsommerlich seit sechs Wochen, ich habe Zeit im Überfluss. Bisher fuhr ich fast 6.000 Kilometer auf kleinsten Landstraßen und habe etwa das Gleiche noch vor mir. 14.00 Uhr, das ist genug für heute. Ich liege zufrieden in meinem Zimmer, lese, esse, schreibe und erfreue mich des Lebens. Draußen, die Sonne scheint, höre ich die lauten brüllenden Wochenend-Rossis. Ich bin ruhig und zufrieden und habe genug von dem, was ich mir am meisten wünsche.

Ruth offensichtlich auch. Als wir siebzehn waren, damals, in Nordrhein-Westfalen, waren wir ein Paar. Dies endete, aber unsere Zuneigung und Nähe zueinander verging nicht. Wir verloren uns nie ganz aus den Augen. Jetzt lebt sie in Karlsruhe mit ihrem Mann Armin, dem Vater ihrer beiden kleinen Töchter. Wir nutzen die Gelegenheit und verabreden ein Treffen. Das kurze Stück Autobahn nervt, aber wird durch die zum x-ten Mal gefahrene Schwarzwaldhochstraße wieder gutgemacht. Tatsächlich, ohne jedes Fremdeln sehen Ruth und ich uns an, erkennen den Gefährten aus lang vergangener Zeit und verbringen einen entspannten Nachmittag.

Ihre kleinen Töchter Emma (2) und Anna (0,5) sind hinreißend. Ja, glücklich sei sie. Nichts, aber auch nichts sei mit einem Kind vergleichbar. Der inzwischen seit drei Jahren andauernde Schlafentzug sei schon heftig. Andererseits könne man durch die fehlende Erholung der Seele nicht reflektieren und so besser funktionieren. Man macht einfach immer weiter und erträgt dies alles in Liebe und völlig widerstands- und bedingungslos. Ich bin tief beeindruckt.

Ruth und ihre Töchter sind ein solches Bild der Liebe, auch und gerade der Umgang der Mädchen miteinander, dass alles andere unwichtig erscheint.

Kein Moment Ruhe. Anna ist krank und fiebert ein wenig. Sie kennt mich nicht, meinen Geruch nicht. Wenn Ruth mir Anna in den Arm legt, um nur für Minuten den Raum zu verlassen, weint Anna. Ich versuche es mit all meinem Charme, singe oder summe leise ein Lied, rede ruhig über schöne Dinge, schaukle sie ein wenig, streichle vorsichtig ihren kleinen Kopf, lache sie an. Nix, sie weint, immer lauter. Mama muss her.

Ruth ist trotz oder wegen ihrer Übermüdung die Ruhe selbst. Wir tauschen uns aus, ein paar gemeinsame Bekannte, wenige nur noch, über die es sich zu reden lohnt. Es ist alles so lange her. Der Tag vergeht zu schnell, Stunden sind ein Wimpernschlag. Zum Abschied sehen wir uns noch einmal in die Augen und ich sehe einen Moment lang das hinreißende siebzehnjährige Mädchen von damals.

Zuflucht – Dahn

Monsieur empfiehlt mir selbst gemachten Pflaumenschnaps

Zum Frühstück übriggebliebene Schwarzwälder Kirschtorte vom gestrigen Geburtstag, drei Stück. Dann ist mir schlecht. Ein letztes Mal die Schwarzwaldhochstraße, ich staune immer noch. Die B 500 von Freudenstadt nach Baden-Baden sollte man jeden Morgen fahren. In Baden-Baden ein Kaffee, bisschen gucken, was die Reichen und Alten so machen. Die Kleinstadt mit ihren 50.000 Einwohnern leistet sich eine vollständige Untertunnelung der Altstadt. Damit niemand gestört wird. Wenn Lindau weich gespült ist, dann ist Baden-Baden in Watte gepackt. Paris ist ausgeschildert. Ein Kasino vom Feinsten, Queen Victoria, Vanderbilts, Bismarck, Brahms und Berlioz, Könige, Reiche und Berühmte, alle waren hier. Lonely Planet sagt: »… the grande dame among German spas, aging but still elegant.« Wenig junges Leben, viel Lebensabend. Entspannte Liquidität. Wie der Nobelvorort Blankenese ohne Hamburg dahinter und ohne Elbe davor. Schnell durch den Tunnel raus und über die Rheinbrücke bei Rheinau nach Frankreich, ins Elsass.

Mein Herz geht auf. Es ist so schön hier, die Häuser, die Gärten, die Straßen, die Gites, Maisons und Logis de France. Naturel Regional des Vosges du Nord heißt die Region um das Elsass, das vier Mal in den letzten hundert Jahren die Nationalität wechselte. Und offensichtlich richtig wählte beim letzten Volksentscheid. Das flache Gebiet in der Rheinebene ist schnell vergessen um Niederbronn-les-Bains entlang der Zinsel bis Baerenthal. Die Allee an der D 87 treibt mir wieder mal Tränen in die Augen, mein persönlicher Stil, Schönheit zu huldigen. Ich liebe Frankreich.

Nur ein ganz kleines Schild weist in Oberbronn auf Monsieur und Madame Graf Lucien hin. Sehr große und sehr schöne Privatzimmer für wenig Geld. Eine der Wohnungen hat drei Zimmer, fast barockes Ambiente, Balkon und alles Pipapo, frisch renoviert von Monsieur persönlich. Sogar mit Waschmaschine, zeigt Madame stolz. Auch ein sehr kuscheliges Einzelzimmer ist im Angebot, in dem nicht viel mehr Platz hat als ein stilvolles Grand Lit, ein großes Doppelbett. Das Zimmer sei aber nur für Einzelgäste oder verliebte Paare geeignet, sagt Monsieur schmunzelnd.

Der deutsch-französische Hände-und-Füße-Dialog geht gut. Monsieur will mir eine Postkarten-Sammlung zeigen, er räumt gerade in der Scheune auf, ob ich nicht mal sehen wollte, das sei »très intéressant«. Jetzt ärgere ich mich über meine Neugier, bei diesem schönen Wetter – bedeckte 26 Grad – hätte ich toll fahren können. Stattdessen muss ich mir nun in einer düsteren Scheune die Postkarten des alten Mannes ansehen.

Als wir die feucht-moderig-muffelig-dunkle Scheune betreten, erklärt Monsieur, dass die Mutter – oder war es die Tante? – seiner Frau diese Karten gesammelt habe, sehr alte Exemplare. Höflich heuchele ich Interesse und betreibe Konversation. Viele der Postkarten sind aus den 30er-Jahren. Eine Inge schreibt einer Waltraud Urlaubsgrüße von irgendwo. Die Briefmarke zeigt Adolf Hitler. Als stolzer und hoffnungsvoller junger Politiker. Die Hälfte des Kartons ist frankiert mit Adolf-Hitler-Briefmarken. Einige Karten zeigen statt der üblichen Landschaftsmotive in kindlicher Naivität gemalte lustige Jagdbomber, die über niedlichen Städten putzige Bomben abwerfen und damit fröhliche Feuerwerke veranstalten.

Monsieur will mich nicht brüskieren oder anklagen, er ist selber ganz erstaunt, was sich da findet. Wir beide, ein junger Deutscher und ein alter Franzose, sind betroffen darüber, welchen Nachgeschmack diese einstigen Alltäglichkeiten heute haben.

Wir gehen beide benommen wieder ans Tageslicht von Oberbronn. Ich nehme überbackenes Sauerkraut mit Sahne und Speck. Schmeckt toll und bläht für zwei. Monsieur empfiehlt mir selbst gemachten Pflaumenschnaps, wegen des Sauerkrauts. In Dahn, wenige Kilometer entfernt und doch in einer anderen Welt, liegt meine heutige Herberge. Hier wird die Menge der Nudeln pro Teller rationiert und streng überwacht. Keine Ausnahmen zugelassen. Ich schaue auf diese hübsche Kleinstadt hinab und versuche, das Sauerkraut und den Tag zu verarbeiten.

Unwillkommen geht es in der Herberge anderentags weiter. Und noch eine Premiere: Es regnet, unter 20 Grad, Fleece-Pullover. Der Tag wird vergammelt, lesen, Herbergen buchen, mal wieder ein Interview vorbereiten. Die Saarbrücker Zeitung lehnt meine Reise als Thema ab. In der Eisdiele in Dahn sitze ich zwei Meter von den beiden Service-Damen entfernt an den eingedeckten Tischen, aber niemand bedient. Ich betrete das Lokal, kein Betrieb, ich bestelle und gehe an meinen Tisch zurück. Nichts passiert. Irgendwann kommt eine der Damen auf mich zu: »Des isch scho lang fetig, des schmilzt scho ...« und geht wieder rein. Ich hole mein zerlaufenes Spaghetti-Eis und denke wieder, dass Frankreich nur wenige Kilometer und doch um Welten entfernt ist.

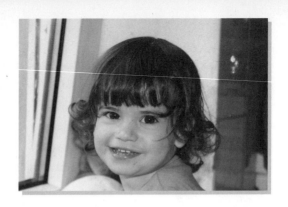

Dahn – Saarbrücken

Verliebt in Saarbrücken

Eine Besichtigung der Bunker der Maginot-Linie, des unterirdischen Teils des französischen Westwalls gegen die Deutschen im Zweiten Weltkrieg, bietet sich an. Ab 1930 gebaut, ab 1940 durch deutsche Truppen besetzt, sind die Anlagen heute als öffentliche Mahnmale zur Besichtigung freigegeben. Innen sind die 10 bis 13 Grad Raumtemperatur in meinen Sachen gut erträglich, die nackten Beine der Sommerfrischler jedoch weniger passend. Beeindruckende und mehrsprachige Führungen durch die elsässischen und lothringischen Anlagen bei Bitche, Simserhof, Rohrbach, Lembach und Schoenenbourg machen die Angst, den Schrecken und Wahnsinn des Krieges fühlbar. Bestürzt erfährt man von den Toten, den Verletzten und Lebenden in immerwährender Kälte. Von Enge, Dunkelheit und Panik. Multimediale Präsentation lässt im Geschützdonner frösteln. Viele lebten hier monate- und jahrelang in Todesangst, Kälte und ohne Tageslicht. Verletzte liegen neben Schwerverletzten, Schreie und Stöhnen.

Einige dieser Befestigungen konnten trotz jahrelanger Bombardierung und Belagerung nicht eingenommen werden und wurden erst mit dem Waffenstillstand 1940 aufgegeben und an die Deutschen übergeben. Die ungeschlagenen Mannschaften gerieten so in lang währende Gefangenschaft. Fotos zeigen die stolzen Widerständler in erzwungenem Hitler-Gruß. Wieder an der Oberfläche erscheint der Nieselregen und die frischen 21 Grad wie eine Woge des Lebens.

Ja, 21 Grad. Ein Temperatursturz um fast 20 Grad in wenigen Tagen. Und stark böiger Wind. Das Getreide ist bereits komplett geerntet, der Mais steht in voller Pracht, mehr als mannshoch. Mais war schon als Kind mein Maßstab für den Sommer. Solange der Mais noch steht, dürfe ich kurze Hosen anziehen. Sagte Opa. Wenn meine Eltern oder meine Oma das anders sahen, konnte ich elegant die Generationen und Geschlechter gegeneinander ausspielen und zu meinen Gunsten fraktionieren.

Das Jahr schreitet voran, es ist bereits fast eine Stunde früher dunkel. Dieses Wetter sollte ich nutzen, eine größere Stadt aufzusuchen. Ich bin froh, dass diese Hitze nachgelassen hat und sogar froh, dass es jetzt etwas regnet. Ich bin ein Motorradfahrer, der sich freut, dass die Sonne nicht mehr scheint und dass es regnet, damit ich mal wieder spazieren gehen kann. So ist es also, wenn man von allem Begehrenswerten im Überfluss hat.

Meine Handschuhe sind langsam echt hin. Känguru-Leder hin, Premium-Marke her, ich habe die Dinger kaputt geschwitzt. Jeden Tag seit sechs Wochen durch und durch nass geschwitztes Leder schaffen den stärksten Handschuh. Die stinken inzwischen richtig. Obwohl noch rettbar, ersetze ich meine teuren Handschuhe durch noch teurere Handschuhe in einer Polo-Filiale in Saarbrücken.

Komische Stadt. Die Jugendherberge hat den Charme eines Formule-1-Automaten-Plastik-Hotels in Frankreich, liegt direkt an einer lauten Zubringerstraße. Zwischen Sanitär-Händlern und Baustellen bieten Car-Tuning-Dienstleister Autos der Mittel- und Oberklasse aus den 80er- und 90er-Jahren mit breiten Felgen und Zubehörauspuffen an. Auf meine Frage, ob in der Herberge noch ein Zimmer zur Hofseite frei sei, erfahre ich, dass es da auch nicht leiser sei. Dort fahre die Bahn.

Im Fahrstuhl wird offensichtlich geraucht. Dubiose Typen in und um die Herberge lassen mich um mein im Hof geparktes Motorrad bangen. Mein Zimmer ist erstmals für die Übungen in Yoga und Qi Gong zu klein. Innenstadtlage heißt in diesem Fall: Halbstündiger, strammer Fußmarsch entlang einer stark befahrenen Ausfallstraße über die Saar und über die Autobahn in die Innenstadt. Und die sieht auf den ersten Blick auch nicht besser aus. Runtergekommen, verwahrloste Menschen, aggressiv, laut, schlichte Gemüter und Autos der Mittel- und Oberklasse aus den 80er- und 90er-Jahren mit breiten Felgen und Zubehörauspuffen.

Ich lerne die bildschöne, allein reisende, achtundzwanzigjährige Französin Celine mit ihrer kleinen Tochter Marie kennen. Sie ist mit Fahrrad und einem Kinderanhänger aus der Nähe von Metz angereist und unternimmt mit ihrer Tochter einen Ausflug ins Grüne. In der Herberge Steinbach habe sie sich nicht wohl gefühlt, sei gleich wieder abgereist, nun sei sie hier. Ins Grüne? Hier? Es kommt sichtlich darauf an, wie man die Dinge sieht und was man aus ihnen macht. Die Innenstadt sei doch schön, hinter der Herberge befinde sich ein großer Park und ein See, direkt vor der Tür fahre ein Bus, die Altstadt von Saarbrücken sei doch sehr hübsch. Sagt sie. Ich stutze und lasse mich von ihrer liebevollen Sicht auf vermeintlich Unschönes mitreißen. Und: Es geht. Das Abendessen in der Herberge ist toll, Celine, Marie und ich nehmen von dem Vanille- und Schokopudding zweimal Nachschlag.

Am Abend besuche ich eine Open-Air-Vorführung von »Jedermann« in der Altstadt. Das 1911 uraufgeführte Stück von Hugo von Hofmannsthal um den vom Tod gerufenen, stinkreichen und dem Geld verhafteten Jedermann wird von René Kollo eindrucksvoll gespielt. In den Nebenrollen werden Barbara (Babs, ja, genau die!) Becker und Ilja Richter zu Statisten neben René Kollo und geben einen Hauch von Provinztheater. Die – so der Flyer – aus dem siebten Jahrhundert stammende, originär buddhistische Parabel um eigentliche und wirkliche Werte wird durch die dicken, dunklen und bedrohlichen Wolken des Saarbrücker Abendhimmels sehr passend illuminiert. Zwar wird die Inszenierung am nächsten Tag auf den Lokalseiten der Regionalzeitung zu Recht verrissen, mir hat sie trotzdem gefallen. Spät komme ich in mein Bett und bin nun doch zufrieden und versöhnt mit Saarbrücken.

Zum Frühstück spielen Celine und ich mit Marie. Wir schaukeln auf dem Spielplatz der Herberge, wippen und teilen Bananen. Unser Kaffee wird kalt, Marie braucht die Aufmerksamkeit einer Zweijährigen, die jeden Tag Neues auf dieser Welt entdeckt. Die nächsten Tage verbringen wir spazieren gehend, landen auf einem großen Spielplatz oder in der Eisdiele oder im Botanischen Garten, kommentieren jede Blume, besonders Marie, sind zum Abendessen todmüde, außer Marie. Wie ein richtiger Familienvater esse ich die Reste meiner beiden eher leichtgewichtigen Schönheiten. Auf der Wippe merken wir, dass ich mehr wiege als meine beiden Damen zusammen. Marie nimmt mich an die Hand, küsst meine Wange, füttert mich. Naja, sie versucht es. Schokopudding fehlt noch auf meiner Hose. Ich bin verliebt in dieses bezaubernde kleine Kind.

Saarbrücken folgt dem Lauf der Saar. Die A 620 auch. Diese Stadtautobahn liegt so niedrig, dass sie im Herbst und Winter öfter mal überschwemmt wird. Das ist unschön. Unschön ist auch, dass man in Saarbrücken direkt neben, fast auf der Autobahn an der Saar entlangspaziert. Ein städtebaulicher GAU. Saarbrücken ist Autolärm. Die nordöstliche Saarhälfte Saarbrückens versöhnt halbwegs. In der Altstadt und Richtung St. Johann im Nauwieserviertel hat die Stadt ihren Reiz. Bambino Reinhardt ist einer der wirklich guten Straßengitarristen. Marie liebt Hunde, ich schenke ihr einen Plüschhund mit einem kleinen Klapp-Bilderbuch als Hundeschnauze. Sie freut sich und füttert ihn mit Erdbeereis. Es ist so kalt geworden, dass sich mein Hexenschuss wieder meldet. Vielleicht aber auch, weil ich meine beiden schönen Damen morgen verlassen werde.

Es regnet, und wie. Richtiger, kalter Regen. Der Herbergs-chef in Bollendorf bei Luxemburg, meinem nächsten Ziel, bestätigt telefonisch: Dort regne es auch, ich könne auch ei-ne Nacht später kommen. In Saarbrücken kann ich nicht mehr bleiben, eine größere Reisegruppe wird erwartet. Eine Regenfahrt nach der Hitze, das ist mir zu doof. Ein Hotel? Hmmm. »Bleib doch hier und schlaf bei uns«, freut sich Ce-line. Ufff. Der Tag wird zum kuscheligen Picknick im Re-gen, es macht uns so viel Spaß, wir spielen und lachen und singen. Familienvater über Nacht. In der Küche kennt man uns nur noch als Familie, deckt immer für uns zusammen ein, eine große Portion, eine kleine Portion, eine Kinderpor-tion. Die Küchenchefin lacht mich an mit meinen drei Por-tionen Dessert auf dem Tablett und Blick auf meine Familie: »Erstens geht es schneller, und zweitens als man denkt.«

Die neue Reisegruppe besteht aus schwer geistig und körperlich Behinderten und deren Betreuern. In Hotels trifft man solche Gruppen nicht an, Zumutbarkeit und so. Die gemeinnützigen Jugendherbergen sind meistens auf Be-hinderte eingerichtet und freuen sich, auch diese Klientel bedienen zu dürfen. Marie hat Angst. Ich will meine Damen in den Garten befördern, damit Marie sich nicht fürchtet. Celine bleibt wieder mal die Sanftheit selbst und erklärt Marie auf Französisch, dass dies gute Leute sind und sie keine Angst haben muss. »Wenn isch so wäre, könnte isch es nischt ertragen, dass die Leute sisch vor mir fürschten und misch meiden. Marie soll das lernen«, sagt Celine mit ihrem hinreißenden Akzent und holt sich noch eine Portion Tomatensalat. Bumm. Ich komme mir ziemlich doof vor.

Saarbrücken – Bollendorf

Luxemburg fühlt sich europäisch an

Marie wacht als Erste auf. Und lacht und spielt. Celine und ich können es nicht fassen, dass wir uns heute trennen werden und in unsere Welten zurückgehen. Marie findet mich »schick« in meinen langen Unterhosen. Meine beiden Schönheiten werden gegen Mittag abgeholt. Ich bleibe so lange bei ihnen, wir schweigen, halten uns an den Händen, sehen uns an, spielen mit Marie, die nicht versteht, warum wir gleichzeitig lachen und weinen.

An der B 407, der traumhaften Hunsrück-Höhenstraße, raste ich in einem Hochwald zwischen Kell am See und Saarburg. Die Straßen werden immer voller, ich bin kaum noch alleine unterwegs. Berge werden zu Hügeln, die Landschaft wird weicher. Sanfter. Meine Brotzeit ist nicht mehr die, die ich noch heute Morgen eilig zusammenklatschte. Die Knoten der Brottüte sind nicht – wie immer – so straff gezogen, dass man sie zum Öffnen zerreißen muss. Celine hat noch heimlich Kuchen, Kekse, Obst und ein Geschenk dazugelegt. Langsam, wie sonst nie, gleite ich durch den Tag im hügeligen Osburger Hochwald. Es ist noch früh. Ich bin ab jetzt nicht mehr im Süden, das hier ist Westdeutschland. In den Cafés, den Straßen, überall Tagesausflügler aus Luxemburg. Benommen höre ich diesen Singsang aus Französisch, Holländisch und Deutsch um mich herum. Wo bin ich und was mache ich hier? Mit bärenstarkem, pfeilschnellem, schwarzem Motorrad in schwarzem Leder und dabei weich wie ein nasser Keks. Saarbrücken ist Vergangenheit und Erinnerung. Spät am Abend sehe ich den Nachtmond an und hoffe, Celine sieht ihn auch. Mein Telefon hat kein Netz. Was für eine Reise.

Bollendorf ist charmant. Eine Atmosphäre wie beim »Grand Prix Eurovision de la Chanson «. Anachronistisch, etwas verstaubt, aber charmant. Schon bei der Fahrt ins Dorf führt die deutsch-luxemburgische Brücke »Bollendorf Pont (Lux)« über die Sauer. Keine hundert Meter, und man ist in Luxemburg. Kein hysterischer Grenzer schreit, keine Schranke, kein Ausweis, nix. Europäisch fühlt sich das an. Es ist Sonntag, Flohmarkt, angenehm warm und bewölkt.

Die Herberge sieht aus wie ein großer, grauer Legostein, sagt lachend Herr Nork. Und der darf das, der ist hier der Chef. Er war Matrose und Fischer, dann in der Marine, Koch, Küchenchef, Schlachter, Konditor, später noch ein Studium nachgeschoben, Hotelmanager, Barkeeper, Weinberater, heuerte an auf Flusskreuzfahrt und Seefahrt. Logisch, dass er jetzt Herbergsleiter wurde, findet er. Das Essen in der Herberge ist klasse. Gutbürgerliches Restaurantniveau. Ein tolles mehrgängiges Mittagsmenü mit Getränken kostet 6,50 Euro Aufpreis. Die Portionen sind so großzügig, dass ich, und ich bin ein Vielfraß, kaum die Hälfte schaffe. Hinweise nutzen nichts, die Köchin, Frau Zeimetz, meint und kann es einfach zu gut. Lecker. Ich lege Gewicht zu, bin traurig und glücklich gleichzeitig.

Eine Inspektion von Luxemburg bestätigt das gängige Klischee: Einkaufsparadies für Benzin, Tabak und Kaffee. 82 Kilometer mal 57 Kilometer und keine 500.000 Einwohner. Fast die Hälfte davon sind Ausländer aus Portugal, Belgien, Deutschland, Frankreich und Holland. Luxemburg ist Hochlohnland. Die Eurokraten, Banker und RTLer habe ich aber zumindest an der Sauer nicht gesehen. Stattdessen Kanuten bis zum Horizont.

Das deutsch-luxemburgische Grenzgebirge, geographisch noch Teil der Eifel, mit Pässen nur noch um ein paar hundert Meter Höhe, ist fahrerisch wie eine entspannte Melodie. Oft habe ich gehört von den Vorzügen von Weserbergland, Eifel, Bayerischer Wald, Teutoburger Wald, Westerwald und wie sie alle heißen. Aber ich bin immer an die Côte d'Azur, Pyrenäen, Alpen, Dolomiten gefahren. Das liegt via Autoreisezug einfach näher an Hamburg. Inzwischen muss ich zugeben: Diese Mittelgebirge machen ebenso Laune. Zum Beispiel die Eifelausläufer der Region um Larochette, nördlich von Luxemburg-Stadt – ein herrlicher Ausflug, sie überzeugen sowohl landschaftlich als auch von der Straßenqualität. Perfekt. Meine große und schwere

Honda ist für dieses Hügelland mit seinen weiten Kurven-radien deutlich besser geeignet als für enge Alpenkehren. Ich weiß, dass nun bald wieder flaches Land kommt und damit fahrerische Langeweile. Ich lasse es heute noch ein-mal fliegen und fahre ohne Pause den Tank leer.

Zu meinem journalistischen Auftrag gehört ausdrücklich die Verkostung regionaler Spezialitäten. Pflichtgemäß trin-ke ich am Abend mit Andreas, einem Juristen aus der Nähe von Trier, ausschließlich regionale Biersorten. Dunkle Bie-re, Biermix-Getränke, helles Pils, Weizenbiere. Andreas trinkt bevorzugt norddeutsche Biere. Wir bemühen uns, anfänglich mit Erfolg, Nordisches vom regionalen Gersten-saft getrennt zu halten, um mühsam erarbeitete Testergeb-nisse nicht zu verfälschen. Er erzählt aus seiner Welt der Regelung von Delikten im Rahmen der Straßenverkehrs-ordnung. Ich lache Tränen über seine Fälle und Klienten, die bürokratischen Winkelzüge, die haarsträubenden Tatbe-stände sowie die juristische Argumentation und Fachspra-che. Der Abend zieht sich etwas länger hin. Zudem trinke ich normalerweise kaum Alkohol.

Am nächsten Morgen ist mir nicht gut, und ich kann die von mir verköstigten Sorten nicht mehr eindeutig rekonstru-ieren. Die Menge und Marken der leeren Pfandflaschen las-sen nur noch ein Urteil auf Indizienbasis zu. Da mir alle Bie-re gestern super geschmeckt haben, werden auch die regio-nalen Biere gut gewesen sein. Ein bedauerlicher Indizienfall.

Der Morgen schmeckt zum ersten Mal ein bisschen nach Herbst. Die Luft hat eine neue Kühle. Man erkennt sofort diesen Geruch eines Sommermorgens, der das nahende Gehen des Hochsommers ankündigt. In diesem wie in jedem Jahr. Wieder erwache ich ohne meine beiden Schönheiten. Und beobachte liebevoll die jungen Familien um mich herum. Ein bisschen kränkle ich, meine Augen sind entzündet.

Bollendorf – Prüm

»Nee, dat weiß man net.«

Von Bollendorf nach Prüm in der Eifel ist es eigentlich ein Katzensprung. Eigentlich. Woran niemand mehr dachte: Regen. Die herrliche Eifel um Gerolstein und Bitburg sowie heute mein sechstes Dreiländereck werden bei Dauerregen mit dem Motorrad unfahrbar. Zumindest, wenn es etwas beschwingter zugehen soll. Ich bin enttäuscht. Und stelle mir dieses Wetter für die folgenden sechs Wochen vor. Blankes Entsetzen. Der Autoreisezug ab Hamburg-Altona an die Côte d'Azur hat wohl doch seine Berechtigung.

Durchnässt erreiche ich Prüm und gehe genervt in diesen »doofen Neubau« mit diesen »spießigen Ikea-Interieurs«, bis ich zu mir komme und den Mund nicht mehr zukriege. Das 2003 erbaute Haus, gleichzeitig Veranstaltungs-, Seminar- und Kongresszentrum in Prüm, bietet sogar in der »Holzklasse«, den Zimmern für sechs Personen, geräumige, zweistöckige Luxuszimmer mit riesigen Fensterflächen.

Mein Einzelzimmer, zwei Betten sind separat nebeneinander gestellt, ist fast 40 Quadratmeter groß, riesen Schreibtisch, plus eigenes Bad und WC, luxuriöse Waschbecken. Alles niegelnagelneu. Ebenfalls lichtdurchflutet mit riesigen Fensterflächen. Gehobenes Zwei-, eher Drei-Sterne-Niveau. Vollpension vom Feinsten um 30 Euro.

Ich fühle mich wie in einer schlechten Folge von »Versteckte Kamera«, genieße diesen Ausblick, Komfort und Luxus. Was das bayerische Sudelfeld an Atmosphäre besaß, hat dies hier an Großzügigkeit. Erste Liga, ganz weit vorn. Wer die Eifel bereisen will, muss hierher. All dies ändert zwar nichts an der Tatsache, dass es regnet, aber es geht mir saugut dabei. Sieben Wochen und 7.000 Kilometer hinterlassen ihre Spuren und Abnutzungen. Ich bin ganz froh, heute nicht mehr fahren zu müssen. Zum ersten Mal werde ich in einer deutschen Jugendherberge erinnert an die Hotelzimmer meiner Zeit als »Key Account Manager« oder »Sales Director«. Obwohl diese Hotels damals mir nie so liebevoll, großzügig und schön erschienen wie heute dieses hier.

Anderentags schmerzen meine Augen sehr, in der Adler-Apotheke in Prüm sind die benötigten Homöopathika nicht vorrätig: »... die fertigen wir schnell für Sie an, macht sechs Euro ...« So was von zackig habe ich in Apotheken noch nicht erlebt. Ich vermute immer noch irgendwo eine versteckte Kamera. Leider hat die Touristeninformation noch nicht geöffnet, gerne hätte ich Weiteres über diesen hübschen kleinen Ort in der Eifel erfahren.

Die Antriebskette meiner Honda kommt mir etwas zu sehr gelängt vor und müsste kontrolliert, gegebenenfalls gespannt werden. Durch das automatische Schmiersystem »Scott-Oiler« ist die Kette üblicherweise so sehr gepflegt, dass die Spannung nicht nachgesehen werden muss. Das machen sonst immer die Jungs von First Stop in Hamburg beim Reifenwechsel.

Bei meiner Fahrweise und den von mir benutzen, härteren Tourenreifen ist ein Reifenwechsel, unter Nutzung aller Toleranz, etwa nach 10.000 Kilometern fällig. Dann aber auch dringend. Jetzt, nach 7.000 Kilometern, sagt der Mechaniker des Ducati-Händlers Zweiradtechnik März: »Kettenspannung war okay, nur ein kleines bisschen nachgespannt, die werden von den Fahrern fast immer zu stramm eingestellt, und dann gehen die Lager kaputt. Luftdruck ist vorn 2,9, hinten 2,9, auch o.k.« Dankeschön, Trinkgeld, tschüss, tüt-tüt.

Es läuft gut hier, ich fühle mich wohl in Prüm in der Eifel. Es regnet nun ununterbrochen, der Himmel ist grau in grau. Die Vorhersage für die nächste Zeit ist wechselhaftes Schauerwetter, unter 20 Grad. Das gehört wohl zu einer Umrundung Deutschlands in einer dreimonatigen Motorradreise dazu. Und ist mir momentan sogar willkommen. Besser als hier könnte ich nicht pausieren. Momentan regnet es eher in Strömen als wechselhaft.

Trierischer Volksfreund, Ausgabe Prüm, heißt hier die Regionalzeitung. Stefanie Glandien ist eine interessierte, sympathische und attraktive Journalistin. Der sichtlich modebewussten Dame fällt es schwer, sich meiner These des

Genügens von zwei-Unterhosen-zwei-Paar-Socken anzuschließen. Sie notiert dies aber interessiert.

Ein Spaziergang durch das nachmittägliche Prüm – der Regen hat sich gelegt – beginnt an der bereits geschlossenen Touristeninformation. Eine prächtige Basilika bestimmt das Ortsbild. Das Schild »Explosionskrater« mit Pfeil in Richtung meiner Herberge weckt mein Interesse. Eine Passantin älterer Generation wirkt empört, als ich nach Anlass und Ursache der Explosion frage: Ende der 40er-Jahre, Prüm wurde als Teil des Westwalls zu 80 Prozent zerstört und hatte mühsam mit dem Wiederaufbau begonnen, wurde auf dem Kalvarienberg ein französisches Munitionslager mit 500 Tonnen Sprengstoff sabotiert. Die riesige Explosion forderte Tote, Verletzte, Obdachlose. Prüm lag wieder in Schutt und Asche. Ein großer Krater zeugt noch heute von diesem schicksalhaften Tag.

Auf meine Frage, wer das denn war, der Saboteur, antwortet die alte Dame mit gesenkter Stimme und verschwörerischer Miene: »Dat weiß man net. Dat war keene von hier. Mir sprenge doch nich unser Dorf inne Luft. Dat war alles kaputt. Alles. Nee, dat weiß man net. Die wollte unser Prüm sprenge ...« Sichtlich gerate ich in ein Politikum größeren Ausmaßes.

Natürlich besichtige ich sofort den Kalvarienberg und befrage jeden über 70-jährigen Passanten nach der mysteriösen Sabotage von 1949. Geheimnisvolle Gesichter: »Da gibt's nur Gerüchte ...«, »... weiß man bis heute nicht, aber ...« Die herrschende Meinung scheint zu sein, dass die Franzosen ihr eigenes, sauteures Munitionslager gesprengt hätten, um dieses unbedeutende Dorf zu zerstören. Als ich zu bedenken gebe, dass dies ja kaum logisch sei, ernte ich Entrüstung und Abkehr: »Ich sach ja, man weiß et net, ich will da och nix jesacht han ...« Investigativer Journalismus hat immer gegen herrschende Meinungen anzukämpfen. Rechtschaffen erschöpft bin ich froh, dass Abendbrotzeit ist, es gibt Salatbuffet, Broccolisuppe, Frikadellen mit Pommes in Pilzrahmsoße und Saft.

Ich freue mich morgen auf Belgien, so viel Gutes habe ich gehört über Bier, Pommes, Schokolade und abwechslungsreiche Landschaften von Oostende an der Nordsee bis in die Höhen der Ardennen. Asterix bei den Belgiern ist eine meiner Lieblingsausgaben dieser Klassiker europäischer Allgemeinbildung. Eines der dichtest besiedelten Länder Europas bietet zumindest in den südlichen Ardennen genug Raum für einen Tagesausflug. Wenn das Wetter morgen mitspielt. Ich sehe grinsend Obelix mit einem Wildschweinsnack und kriege Lust auf Pommes und Bier.

Und das wird am nächsten Tag wieder nichts. Regen. Nicht wirklich schlimm, aber auch nicht Nichts. Nee, ich bleibe hier, kaufe Rasierklingen und Duschgel, wasche Wäsche, pflege das Leder, stelle jedem Passanten dumme Fragen, streichle Hunde, rede mit den Hundehaltern, kontrolliere das Motorrad, brenne und verschicke CDs, genieße meinen letzten Tag in Prüm.

Die Öffnungszeiten der Touristeninformation überliste ich, indem ich in einem Café vis-à-vis belgischen Schokoladenkuchen esse und im richtigen Moment loslaufe.

In diesem kleinen Luftkurort mit seinen 6.000 Einwohnern »... im grünen Herzen Europas«, so die Broschüre selbstbewusst, werde ich in der Adler-Apotheke inzwischen namentlich begrüßt, man zeigt sich besorgt, meine Augen schmerzen immer noch.

Die Wettervorhersage für die morgige Fahrt über Belgien ins westfälische Simmerath ist regnerisch bei 8 bis 15 Grad. Noch vor wenigen Tagen habe ich in Saarbrücken meine in der langen und extremen Hitze kaputtgeschwitzten Handschuhe durch besser gelüftete Sommerhandschuhe ersetzt. Heute suche ich, den morgigen Tag vorbereitend, die Winterhandschuhe heraus.

Prüm

Halbzeit

Der Regen gibt Muße für eine Zwischenbilanz. Am östlichsten Punkt startete ich vor sieben Wochen mit einem flauen Gefühl im Magen in diesen heißen Sommer. Und begann literweise zu schwitzen. Die Dinge waren ungeordnet, Hamburg hatte mich noch fest im Griff. Ein Achtzigjähriger gab mir, mit Bezug auf das weibliche Geschlecht, den Rat: »Ja Mensch, Junge, Sie machen doch was her, Sie reisen doch jetzt, machense mal, wird Zeit.«

Am »Südpol« waren es teilweise über 40 Grad im Schatten, und ich habe längst meinen Rhythmus gefunden. Bin süchtig geworden nach neuen Landschaften, Menschen, Ansichten und Aussichten, Bergen, Kurven, Straßen, Wäldern, Häusern. Nie finde ich nachts das Klo, suche immer wieder verschlafen einen Lichtschalter oder eine Tür, die vor ein paar Tagen noch an dieser Stelle waren. Jetzt bin ich am westlichsten Punkt, die Hälfte ist rum, es regnet und ist kalt. Ein bisschen müde bin ich, freue mich über mein schönes Zimmer, liege im Bett, schreibe, lese, reserviere Unterkünfte und vereinbare Zeitungsinterviews.

Die folgende Hälfte Deutschlands ist kürzer, weil die Nordsee und Ostsee keine Ausflüge in Nachbarländer mehr erlauben. Nur noch Stippvisiten vielleicht auf ein paar Inseln. Ich habe viel gesehen, erfahren. So viel, dass ich mich kaum erinnere und selber nachlesen muss, wo genau was gewesen ist. Alle Menschen, die ich traf, waren anregend, freundlich und liebenswürdig, nur wenige Ausnahmen. Viele, immer positive Überraschungen.

Die Honda ist Flachland gewohnt, für die Berge zu schwer, für hügeliges Land genau richtig. Kleine Elektronik-Unpässlichkeiten wurden für wenig bis gar kein Geld sofort und unbürokratisch von den Honda-Werkstätten beseitigt. Jugendherbergen, Shell Super 95 und die Bereifung Bridgestone BT 020 sind ein Volltreffer. Gepäck habe ich eher zu viel als zu wenig, stört aber nicht.

Das Wetter macht mir keine Sorgen. Meine Reise könnte ich bei Regen in kleineren, dann aber häufigeren Etappen fortsetzen. Auch das folgende, eher eintönig zu fahrende Flachland ängstigt mich nicht. Bei schlechtem Wetter wäre dies sogar besser als kurviges Terrain. Und ich freue mich auf das Meer. Mein Meer. Auf den weiten Horizont. Der fehlt mir sehr. Wasser und Inseln. Sorge macht mir eher, dass ich mit all dieser Sorglosigkeit, kindlichen Neugier und jeden Tag wieder neuen Spannung auf den nächsten Tag wohl bald aufhören muss. Das will ich nämlich nicht. Mein wertvolles Leben an eine dumpfe Routine vergeuden. Ob das gelingen kann? Wir werden sehen.

Prüm – Simmerath

Die Ardennen gefallen mir

So schnell geht's auf einmal: Simmerath im südlichen Nordrhein-Westfalen ist heute das Ziel. Neun Grad am frühen Morgen, ich sehe meinen Atem. Wohlgemerkt: Wir haben Mitte August. Diese Wetterveränderung, seit ich wieder Richtung Norden fahre, verstärkt den Eindruck, nun in einem anderen Land zu sein. Weil ich bisher gänzlich unbekanntes Terrain befuhr, kam mir Deutschland so groß, weit und grenzenlos vor. Die Hitzewelle verstärkte diesen Eindruck von Fremde und Ferne.

Die momentane Kälte und das Bundesland, in dem ich die ersten zwanzig Jahre meines Lebens verbrachte, ernüchtern. Singe ich nun unter dem Helm »Out in the great, wide open« oder meinem Dauerbrenner »Heute hier, morgen dort«, passt das irgendwie nicht mehr so richtig. Wenigstens kein Regen. Die dicken Handschuhe sind ungewohnt und behindern. Füchse und Kaninchen laufen über die am frühen Samstagmorgen leeren Bundesstraßen.

In Malmédy eine heiße Schokolade, ein auf holländische Art entspannter, kleiner Ort auf dem belgischen Umweg nach Simmerath. Statt Wochenend-Rossis ist alles voller Rennradfahrer. Männer, Frauen, Alte, Junge, Einzelne, Gruppen, ganze Horden. Die Autofahrer hupen oder drängen nicht, sondern fahren selbstverständlich und entspannt hinter den Rennern her, die sind hier wohl so was wie heilige Kühe. Mehrere Gewinner der Tour de France, allen voran die Legende Eddy Merckx, hinterlassen Spuren.

Der Morgen ist nicht kühl, sondern kalt. Unterhandschuhe aus Baumwolle, Winterhandschuhe, Griffheizung auf maximal, Überjacke. So geht's dann ganz gut. Zu Hause gelassen – es ist ja Hochsommer – habe ich die supertollen, akkubetriebenen Wärme-Einlegesohlen von Tchibo. Die wären jetzt gut. Die Ardennen gefallen mir an diesem frühen, kalten Morgen. Das hier ist entspanntes Terrain, der wilde, riesige Wald wirkt mystisch im Morgennebel. Weiter Blick über bewaldetes Hügelland. Auf einem Thermometer leuchten schon 12 Grad. An der Rennstrecke in Spa-Francorchamps ist nichts los. Kein Motorengeräusch, kein Training. Müde wirkende Kerle trinken dick verpackt ihren Kaffee, eine Ducati, ein paar Yamaha stehen herum.

Rebell, der ich bin, kriege ich in Kurorten immer Lust auf ungesundes Essen. Spa ist einer dieser Kurorte, in denen mir eine fette Portion belgische Pommes, doppelt Mayo und ein »Croquette Poulet« als zweites Frühstück angemessen erscheinen. Was immer das sein soll, »Hühnerkroketten«? Etwa zwei, spätestens drei Stunden nach einem halbherzigen zwei-Brötchen-mit-Marmelade-Frühstück bekomme ich richtig Hunger. Kaloriengier. Da sind fettige Pommes und noch fettigere Hühnerkroketten mit doppelt Mayo genau richtig.

Besonders die Kroketten erinnern mich an meine Jugend in Holland. Die panierte und frittierte Außenhülle ist einigermaßen cross und crunchy. Das Innere ist ein undefinierbarer Matsch mit der Konsistenz von fester Zahnpasta oder von heller Schuhcreme oder so. Und hat mit Poulet, also Huhn, nicht mehr wirklich was zu tun, vielleicht noch den Geschmacksverstärker. Schmeckt super. Noch eine Portion Muscheln schaffe ich leider nicht mehr, mir ist schlecht. Ich bleibe ja zwei Nächte hier. Dann komme ich morgen eben noch mal. Moules et Frites, Muscheln mit Fritten, sind mein Lieblings-Fast-Food.

Wie überhaupt die französische Sprache in Belgien mich sehr erfreut. Ich spreche und verstehe nicht gut Französisch, gehe aber gerne jedem belgischen Opfer mit meinem Gestotter auf die Nerven. Eine so schöne Satz- und Wortmelodie in diesem entspannten Land.

Ich verlasse Spa gesättigt, ziehe meine Motorradsachen an, sehe mich gespiegelt in einem Fenster. Ich beobachte mich gern in Motorradposen in spiegelnden Fensterflächen. Irgendwann baue ich so noch einen Auffahrunfall. Ein kleiner Junge sieht mir zu beim Anlegen der Jacke, Sturmhaube, Helm, Handschuhe. Ich kann sein Gesicht in der Glasfläche nicht genau erkennen. Er weiß nicht, dass ich weiß, dass er mich beobachtet. Genau so habe ich als kleiner Junge Motorradfahrer bestaunt und wollte auch so werden. Natürlich mache ich extra ein bisschen Show für den Jungen, er guckt. Offensichtlich bin ich genau das geworden, was ich schon als Kind sein wollte. Wer kann das schon von sich sagen?

Über unspektakuläre, aber schöne Pässe rolle ich die Vennroute im Parc National des Hautes Fagnes über Monschau nach Simmerath. Und hier beginnt es dann kalt zu regnen. Die Gäste der Herberge sind laute, belgische Rennradfahrer. Die brüllen sich lieber auf flämisch über den ganzen Hof etwas zu, statt sich normal zu unterhalten. Neben den Belgiern ist ein eigenes Gespräch kaum noch möglich.

Am nächsten Morgen nehme ich mein Frühstück im Hof, frisch und kalt die Morgenluft, meine heilige Tasse Kaffee dampft, und wieder die Belgier. Die brüllen rum, freundlich und gut gelaunt, noch vor dem ersten Kaffee. Die elfjährigen Aachener Fußballfans grölen: »Alle Böcke beißen, alle Böcke scheißen, nur der kölsche Geißbock nicht ...«. Ich verstehe kein Wort, als ich frage, was das denn bedeutet, brüllen zahllose Jungen auf mich ein: »... die Köllna sind datt mit ihr Wappn, die ham keine Ahnung, können alle nich spielen, Scheißfußball in Kölln ..., Köllna Buhhhhh, alle Böcke beißen ...« Aha.

Unter der Herberge Rurberg ist die Schaukurve Rurberg. Das heißt: Man sitzt in der Innenseite der 180-Grad-Kurve auf den Leitplanken, lässig, und kommentiert den Kurvenstil der Vorbeifahrenden. Einige fahren sehr schnell und gut, die Enge und Hitzigkeit des Kesselberges und Sudelfeldes hat das hier aber nicht. Die Leute sind entspannt und zugänglicher als bisher. Nordrhein-Westfalen empfängt mich freundlich.

Die Schlauschwätzerei in der Schaukurve ist lustig: »Der hatte den falschen Gang drin ... der hätte mehr driften sollen ... der bremst zu früh ... mit dem Knie, mit dem Knie, aaaah, so wird datt nix ...« Sogar drei Polizisten fahren dermaßen zügig um die Ecke, dass sie auf jedem Motorradtreffen die Platzhirsche wären.

Eine Yamaha imponiert mir besonders, alles setzt auf, wenn sie um die Ecke biegt, der Mann geht über jede mir vorstellbare Angstschwelle hinaus. Lautes Knirschen im Vorbeifahren, fast alle unteren Fahrzeugteile sind angeschliffen. Benn heißt der Mann, ein lustiger, gar nicht lebensmüder Sportsfreund, der einfach Spaß hat. »Hast du den Ölfleck da vorhin in der Kurve gesehen?«, fragt einer. Benn sagt: »Ja, das macht da aber nichts. Ölflecken kannst du da mit dem Knie ausgleichen ...«

Viele tolle Fotos gemacht, die E-Mails der Schräglagenkünstler fliegen mir zu, jeder will seine Fototapete. Moules et Frites wird heute in Belgien nichts mehr, dann eben in den nächsten Tagen in Holland. Dreiländerecke zähle ich inzwischen nicht mehr.

Auf einer saftigen, riesigen Wiese mit Blick auf Wälder und Seen der Eifel liege ich zufrieden, den Tag verabschiedend im Gras. Plötzlich Stimmen. Die drei schnellen Polizisten machen Pause. »Tach, die Herren, Sie können ja richtig zackig ums Eck biegen! Wo haben Sie das denn gelernt?«, frage ich. »Natürlich auf abgesperrten Straßen«, grinst der Rudelführer. Entspannte Gegend hier.

Simmerath – Heiden

Entspannte Atmosphäre in Holland

In der Rureifel starte ich bei Sonnenschein Richtung Norden. Schöne, weite, übersichtliche Kurven, beschwingt geht es in den Tag. Und dann wird es, wie ich es aus meiner Jugend in Erinnerung habe: Westfälischer Dauerregen. Die erste lange Regenfahrt meiner Reise rund um Deutschland. Ausgerechnet auf der Fahrt in meine Vergangenheit. Die Kühe sind wieder schwarzweiß und haben keine verschieden langen Bergbeine mehr. Die Fahrt ist nicht nur wegen des Regens langatmig. Auch die Straßen sind wieder kerzengerade. Eifel und Ardennen sind genauso plötzlich wie vollständig verschwunden.

Die Bevölkerungsdichte Nordrhein-Westfalens ist enorm. Spätestens nach fünf Minuten eine neue Ampel, ein neuer Ort, ein Stoppschild. Montags um 14.00 Uhr ist das Verkehrsaufkommen so hoch, dass in diesem Dauerregen kaum noch ein Überholen möglich ist. In den Orten und Ortsteilen mit dem geringsten Straßenverkehr befinden sich die meisten städtebaulichen Verkehrsberuhigungen. Es ist eng hier.

Hier bin ich geboren. Ein paar Kilometer von der holländischen Grenze. Schon immer empfingen wir holländische TV-Sender. Holländer hatten coolere Videoclips und coolere Filme. Durchweg in Originalfassung, was ich schon damals besser fand. Und die besseren Pommes hatten die auch. »Patat Spezial« bestehen aus frischen Pommes, Ketchup, Mayo und rohen Zwiebelstücken. Und »Frikandel«, das ist eine frittierte Fleischmasse, ein bisschen wie frittierte Würstchen mit noch was drumherum. Und Fleischkroketten wie in Belgien. Super Junk-Food, schmeckt alles klasse, am besten mit Spezialsoße. Sehr gerne mochte ich auch die doppelt gesalzenen holländischen Lakritz. Die waren damals so scharf, dass die Zunge nach spätestens dem fünften Lakritz wund war. Die gibt es in dieser Konsistenz aus gesundheitlichen Gründen heute leider nicht mehr. Zumindest offiziell.

Hier komme ich her, meine Familie lebt noch immer hier. Meine Motorrad-Grenzerfahrungen aus dieser Zeit bestanden zunächst aus einer Honda XL 500. Die war nur kaputt, nur Reklamationen, und wurde gegen eine andere XL 500 getauscht. Die wiederum dem Nachbesitzer um die Ohren flog. Eine total verbastelte Honda CB 750 beendete mein frühes Motorradleben. Zum folgenden Studium in West-Berlin brauchte ich kein Motorrad.

Die frisierten XL 500 mit ihren aufgebohrten Krümmern

liefen laut Tacho irgendwas um 140 km/h. 150 km/h mit Rückenwind. Touren unternahm ich noch nicht. Mal nach Zandvoort an der holländischen Nordsee, der Liebe wegen. Oder an den Möhnesee, einer anderen Liebe wegen. Ansonsten, auf mein Drängen, schon als Kind mit meinen Eltern, zum Motorradtreff nach Haltern am Stausee. Da waren die Großen, die Coolen, meine Vorbilder. Einmal war da eine Münch Mammut, eine silberne saulaute Ducati, eine genauso laute MV Augusta, einmal einer mit richtigen Gussrädern, einmal einer mit einer Egli-Kawasaki. Alles Helden.

Ein Interview mit Hubert Konert von der Borkener Zeitung braucht Zeit und macht Spaß, ich weiß inzwischen kaum noch, was ich zuerst erzählen soll und überschlage mich vor Geschichten.

Heute ist Schützenfest in Heiden, das große Fest des Jahres. Wie Karneval in den südlicheren Gegenden. Das reglementierte Dorfleben gerät unter starkem Alkoholeinfluss für drei Tage aus allen Fugen. Wer je den Karneval in Düsseldorf oder gar Köln live erlebte, weiß, zu welcher Schamlosigkeit schüchterne Männchen oder unauffällige Mauerblümchen fähig sind. Über 1,5 Promille ist das Ganze eines der Highlights des Jahres, darunter allerdings unerträglich.

Im Anschluss an das eigentliche Schützenfest schreibt das regionale Brauchtum den »Dullen Dienstag« vor. Junge, kräftige Männer werfen mit Schuhen nach einem schlichten Holzvogel, befestigt auf einer hohen Stange. Diese ansonsten eher sinnfreie Beschäftigung lockt nicht nur die Dorfschönheiten in voller Aufmachung, sondern fast das halbe Dorf zur Verlängerung der Schützentage um einen vierten Tag. Ein letztes Mal wird gefeiert, was das Zeug hält. Früher gaben die Handwerksbetriebe ihren Angestellten in der Schützenwoche generell frei, es hätte anders auch keinen Sinn gehabt, schon wegen der zu erwartenden Reklamationen.

In der Borkener Zeitung ist anderentags sogar auf der Titelseite ein Foto von mir mit kurzem Text. Im Lokalteil gibt es eine halbe Seite mit toller Fotomontage über meine Reise. Direkt neben den Schuhwurf-Ergebnissen des »Dullen Dienstag«. Ich fühle mich prominent und bin stolz. Wie zufällig gehe ich durch Heiden spazieren und habe das Gefühl, alle würden mich erkennen. So fühlt er sich an, der Ruhm. Ich werde angesprochen, bin verlegen.

Bocholt, als letzte etwas größere Stadt vor der holländischen Grenze, ist bereits geprägt von der allgegenwärtigen Fahrradkultur des westdeutschen Flachlandes. Eine Art fahrender Verkehrsberuhigung mit eingebauter Vorfahrt. Im holländischen Winterswijk, wenige Kilometer über flache, gerade Straßen durch grüne, pralle Wälder.

Hollands »Nieuwe«, neue zarte Heringe mit rohen Zwiebeln, sind so weich, dass man sie mit der Zunge zerdrücken kann. »Gebakken Kibbeling«, das sind mundgerechte Portionen Backfisch. Dann noch »Patat und Frikandel Spezial« und »Gebakken Kip«, also Huhn. Zum Schluss Cappuccino und das obligatorische Spaghetti-Eis. Fazit: Holländer wie Belgier lieben Paniertes und Frittiertes. Der Inhalt ist nebensächlich. Fazit Nummer zwei: Man sollte nicht alle oben genannten Spezialitäten in kurzer Zeit direkt nacheinander verkosten.

Die Atmosphäre ist auch in Holland völlig entspannt. Zahllose Müßiggänger sitzen in den allgegenwärtigen Cafés unter freiem Himmel und rauchen selbst gedrehte Zigaretten. Deutschland ist Minuten entfernt und doch so weit weg. Stundenlang beobachte ich das langsame, lachende und sympathische Geschehen. Unzählige Fahrräder, »Fitjes«, ausschließlich mit auffallend hohen Lenkern, dokumentieren die gemäßigte Gangart dieses schönen Landes. Bredevoort, Lichtenvoorde und Aalten sind Stationen auf der Suche nach der totalen Windmühle. In Betrieb ist kaum noch eines dieser historischen flachländischen Kraftwerke. Schön sind sie trotzdem. In Meddo befand sich der wichtigste Baggersee meiner Jugend. Nicht nur deutsche Jugendliche, auch Meisjes, dieser blonde, mehrsprachige, niederländische Mädchentyp, waren da zu finden.

Genug der Sentimentalitäten. Die entzündeten Augen sind halbwegs repariert, ich muss weiter nach Norden, ans Meer.

Heiden – Leer

»Fünf Jahre Auszeit – das machen viele.«

Nordrhein-Westfalen entlässt mich, wie es mich empfing: mit Dauerregen. Die Fahrt entlang der holländischen Grenze hinauf nach Leer nehme ich kaum wahr. Es regnet. Mal nur Niesel, mal Regen, mal Gewitter. Kurze trockene Abschnitte. Die Straßen sind kerzengerade, der Wind stark böig, die Temperatur ... na ja. Mit Überjacke, Winterhandschuhen und Griffheizung geht es. Spaß macht es aber nicht wirklich. Der enorme Wetterumschwung von sonnigen 40 Grad in Süddeutschland auf unter 20 Grad bei Regen im Norden verstärkt das Gefühl, nun ein anderes Land zu bereisen.

In Leer, einer wunderschönen Stadt entlang der Ems an der holländischen Grenze, sehe ich wieder diese vielen Fahrräder mit den hohen Lenkern. Müßiggänger rauchen auch hier Selbstgedrehtes. Trotz starker Regenfälle sind die

Außenplätze in den Cafés unter den großen Schirmen voll besetzt.

Die Bewohner der Hausboote »Vertrouwen«, das gehört Gerd, und »Mededinger« von Sabine und René, lassen gerne ihre gemütlichen Heime fotografieren. Sie haben selbstverständlich Zeit zu einem Schwätzchen. Ja, in Frankfurt am Main, da lebten sie in ihrem früheren Leben, davon wollen sie aber heute nichts mehr wissen. Das war alles ein großer Irrtum. Sabine war mit ihrem damaligen Mann und ihrer kleinen Tochter fünf Jahre auf einem Segelboot unterwegs. Wie denn das ginge, fünf Jahre Auszeit? »Natürlich muss man sich in Deutschland abmelden, wegen der Schulpflicht. Ansonsten ist das nichts Besonderes, das machen viele«, sagt Sabine. Dann lernte sie René kennen. Die auf dem Boot dreisprachig aufgewachsene Tochter lebt heute als weltgewandter Teenager wieder bei ihrem Vater in Frankfurt, Sabine mit René auf der »Mededinger«.

Gerd hat heute einen langen Bart und früher mit Otto Waalkes in einer Band gespielt, die Beatles kannte er aus Hamburg. Er lebte in Thailand, trampte durch Afrika, heuerte immer wieder irgendwo an. Seine Frau ist nicht mehr bei ihm, seine Töchter studieren. Jetzt baut er Enten um, den Citroen 2 CV, und fährt damit zu Treffen in aller Welt. Und ich Kleingeist halte eine dreimonatige Deutschlandumrundung für ein Abenteuer.

Das entspannte Lebensgefühl aus Holland gibt es auch in Leer. Ich fühle mich zu Hause und komme an in meiner Heimat, im Norden Deutschlands. Erstmalig fühle ich mich wieder als ein Teil von allem, nicht mehr nur als Beobachter.

Wie von selbst entstehen Kontakte, routiniert ist in Minuten ein neues Interview mit dem Redaktionsleiter Wolfgang Malzahn von der Ostfriesen-Zeitung vereinbart. Er fährt selber Motorrad, nur dieses Jahr wurde das bisher nichts. Er sei ein Weichei, bei der bisherigen Hitze würde er doch nicht freiwillig in Lederkleidung mit dem Motorrad fahren, sagt er. Und jetzt sei es viel zu nass und zu kalt. Er würde gerne selber das Interview machen, habe aber wahrscheinlich keine Zeit, eine Vertretung würde sich morgen meiner annehmen.

In meiner schönen und gemütlichen Herberge, einem ostfriesischen Backsteinhof von 1788, einem der ältesten Gebäude in Leer, liege ich dezent melancholisch im Bett, draußen prasselt der Regen, es donnert. Im Süden hat so ein Wetter eine halbe Stunde gedauert, hier hört es nicht mehr auf. So riecht der Herbst. Im August. Die Zeit rennt.

Auch am nächsten Tag regnet es in Strömen. Die am Abend durchgewaschene Wäsche wird weniger, ich schwitze nicht mehr literweise. Und sie trocknet auch nicht mehr an einem Kleiderbügel aus dem Fenster gehängt, sondern an der Heizung, eingeschaltet auf Stufe vier. Den Sommer in Norddeutschland erkennt man daran, dass der Regen wärmer wird, sagt jemand. Ich grinse gequält. Ununterbrochen prasselt es, wenig Nieselregen, meist eher Wolkenbruch.

Ich schaffe es kaum, den vereinbarten Treffpunkt zum Interview am Café »Schöne Aussicht«, drei Kilometer entfernt, einigermaßen trocken zu erreichen. Zu Fuß mit Regenschirm kein Problem, aber Redakteure brauchen nun mal Fotos von mir mit Motorrad vor regionaler Kulisse. Gabriele Boschbach, wieder eine verwirrend attraktive Redakteurin, versucht aus meinem Wortschwall ein einigermaßen strukturiertes Gespräch zu machen. Ich stelle mich ziemlich dämlich an, hoffentlich zerreißt sie mich nicht in der morgigen Ausgabe.

Eine halbe Seite über meine Reise in der Ostfriesen-Zeitung. Direkt neben der Meldung »Züchterjugend zeigt 300 Rassekaninchen«. Mit großem Foto und sehr lieb geschrieben. Ganz so doof habe ich mich wohl doch nicht angestellt. Wieder mal bin ich stolz, man kennt mich jetzt in Leer, ein eleganter Routinier. Ja, das bin ich geworden. Nachdem ich den Artikel zum Morgenkaffee im Hof der Herberge etwa das zehnte Mal lese, erschrecke ich. Ein voll bepacktes Reisefahrrad fällt krachend auf die Seite. Mika aus Finnland ist 45, es ist sein Fahrrad, er will weiter nach Paris. Von da fährt er die Strecke Paris-Dakar mit dem Rad. Einfach so. Sein Englisch ist perfekt, wir fühlen uns verwandt und reden über das Wetter, Zöllner, Herbergen, Wälder, Straßen und die Frauen auf unserem Weg. Wir lachen so vertraut miteinander, als würden wir uns lange kennen.

Schwere, schwarze Wolken am Himmel. Herbst. Es ist einer dieser Tage und Morgen auf meiner Reise, an denen ich mit meinem Kaffee an der frischen Luft sitze und gespannt bin, was heute wohl wieder passieren wird. Ich bin schon lange unterwegs, dies alles wird immer selbstverständlicher. Mir fehlt nichts, von meinem Hund vielleicht abgesehen.

Henri Nannen war 1948 der Gründer und bis 1980 Chefredakteur der Zeitschrift Stern aus dem Hause Gruner + Jahr. Einer der ganz Großen des deutschen Journalismus. Ein Besuch der legendären Kunsthalle Emden, gegründet von Henri Nannen, wenige Kilometer entfernt, steht auf dem Programm. Seine Witwe Eske Nannen und ich haben einen Termin vereinbart. Vor Ort hat sie kaum Zeit, High Society, Politiker, Wirtschaftsgrößen, Mäzene, Kulturschaffende scharen sich um diese sympathische Dame.

Die Marketing- und Public-Relations-Chefin Ilka Erdwiens und ich plaudern über diese großartige Stiftung, die Bilder, die Geschichte Nannens, der fast sein ganzes privates Vermögen in diese Kunsthalle investierte. Weil ihm das Sammeln von Kunst lebenswichtig war. Ich mag besonders die Blauen Fohlen von Franz Marc, Dampfer auf See von Emil Nolde, Norddeutsche Landschaft von Heiner Altmeppen. Ich stehe davor und gehe nicht mehr weg. Und komme dann noch einmal zurück. Beeindruckend.

Ilka Erdwiens fährt eine Honda Fireblade und zack sind wir beim nächsten Thema. Die Augen der professionellen Public-Relations-Managerin strahlen. Flachland? Ihre Reifen seien rund abgefahren. Reisezug? Sie fahre immer von hier aus. »Bis in den Süden?«, frage ich. »Ja, bis in den Süden«, sagt sie und grinst. Als wir beginnen, Vor- und Nachteile von Ketten- versus Kardan-Sekundärtrieb und die Probleme des dynamischen Kettenölens detaillierter zu besprechen, kommt wieder so ein wichtiger Politiker, und ich trolle mich meines Weges. Es fühlt sich hier alles so heimisch, so norddeutsch, so vornehm, so nach Understatement an. Ein letztes Mal gute, holländische Pommes, morgen sehe ich endlich das Meer.

Über Aurich durchs Pfalzdorfer Moor, nach Dornum, Dornumersiel, Neßmersiel nach Norden und Norddeich. Das Wetter ist herrlich, nebelig am Morgen, die Sonne kommt gegen Mittag durch. Ich war lange nicht mehr an der Nordsee. In Ostfriesland auch nicht. Ich hatte es vergessen. Diese Kurvenlosigkeit. Obwohl der Tag warm und trocken ist, sehe ich kaum Motorräder. Vielleicht zehn den ganzen Tag über. Das hier ist nicht Motorrad fahren. Eher Motorrad wandern. Oder Motorrad meditieren.

Die Strecke von Aurich nach Dornum ist etwa dreißig Kilometer lang und kerzengerade. Manchmal warnt ein Verkehrsschild vor einer Kurve. Dann reduziert ein weiteres Verkehrsschild die vorgeschriebene Höchstgeschwindigkeit auf 70 km/h. Dann kommt die Kurve. Bei 70 km/h fährt man aufrecht durch. Die Warnungen sind trotzdem notwendig. Man schläft fast ein, so langweilig ist es. Man könnte auch drei Stunden auf dem stehenden Motorrad sitzen, das wäre fahrerisch genauso aufregend. Zwischendurch beschleunige ich verzweifelt. Das hilft aber auch nicht. Schnell geradeaus fahren ist genauso langweilig wie langsam geradeaus fahren. Wie in Kanada, da fährt auch keiner schnell, es bringt nichts.

Ich schätze, dass die so genannten Kurven hier bei doppelter vorgeschriebener Höchstgeschwindigkeit wahrnehmbar würden, bei dreifacher vorgeschriebener Höchstgeschwindigkeit mir schon Spaß machen könnten, die Wochenend-Rossis vom Kesselberg wären wohl noch bei der vierfachen vorgeschriebenen Höchstgeschwindigkeit unterfordert. So was. Nicht umsonst beträgt die Motorraddichte, die Anzahl der zugelassenen Motorräder pro 1.000 Einwohner, nur einen Bruchteil dessen, was in Süddeutschland üblich ist. Es macht hier einfach keinen Sinn. Ein oder zwei Chopperfahrer mit irrelautem Auspuffgeboller, sehr hohen Lenkern, winzigen Tanks und flatternden Jacken sind mir peinlich.

Das Meer. In Dornumersiel sehe ich zum ersten Mal während meiner Reise rund um Deutschland das Meer. Dornumersiel ist nicht schön. Tourismusgedränge. Ich mag das nicht. Trotzdem. Auf den Deich geklettert, tief Luft geholt und hingeschaut. Das Meer. Wieder kriege ich feuchte Augen, das ist mir unangenehm, ich bin nicht allein. Das Meer ist so magisch. Wie manchmal die Berge oder auch der Wald, gibt das Meer eine Energie, die man fast anfassen kann. Lange sitze ich da, esse ein paar Kekse, spiele mit einem kleinen Hund, lese eine Tageszeitung. Der Fahrer einer Yamaha FJR erzählt, dass er in diesem Jahr eine ganze lange Woche auf Tour war und in diesemoderjenem Biker-Hotel übernachtet habe. Ob ich das kenne?

Ostgroßefehn ist ein typisches ostfriesisches Straßendorf. Eher ein Kanaldorf, denn die Ortsstraße verläuft links und rechts eines Kanals. Datt Plattdütsch hier verstehe ich nicht, sehr holländisch eingefärbt. Compagniehäuser ehemaliger französischer Handelsniederlassungen sind jetzt Restaurant und Hotel. Charmant zwischen Kanal, dekorativen Ankern, Schiffsmasten und Windmühlen gelegen, fra-

139

ge ich nach einem zweiten Frühstück. Es ist noch früh, die Küche ist noch nicht geöffnet. Aber es sei noch Steckrübeneintopf von gestern da, ob ich davon einen Happen wolle? Ja, klar. Ich sitze vor der Tür, genieße diesen milden Morgen, die Lieblichkeit des Nordens. »Iss ma, Jung, kost nix.« Er stellt den großen duftenden Teller hin, bisschen Brot, zwinkert mir zu, schließt den Laden ab und geht.

Börjes Bikers Outfit in Augustfehn, wieder so ein Kanaldorf, liegt auf meinem Weg nach Leer. Dieter und Anke Börjes hatten sich vor ein paar Jahren mal geärgert, bei den Filialisten keine gescheite Lederkombi zu bekommen. Jetzt führen sie die Topmarken selber, haben auf dem platten Land einen Riesenladen aufgebaut. Auch bei den Motorrädern: Buell und Harley-Davidson. Obwohl ich mir in Saarbrücken erst neue Handschuhe gekauft habe, kann ich zu den Held Krypton, meiner Lieblingsmarke, nicht nein sagen. Dieter schenkt mir noch eine Coolmax-Sturmhaube, nun habe ich vier Motorrad-Handschuhe im Gepäck und freue mich auch noch darüber. Männer-Spielzeug. Zurück bis Leer ist es nicht weit. In dem Moment, in dem ich das Motorrad vor der Herberge abstelle, beginnt der Regen.

Leer – Otterndorf

Als wären das Meer und ich alte Bekannte

Die MZ 250 habe ich mir wegen der Zuverlässigkeit gekauft. Mit meiner Ural ist das alles etwas komplizierter«, sagt Matthias, der Student aus Münster in seiner Regenkombi. Wir haben beide Spaß dabei, unsere so grundverschiedenen Motorräder nebeneinander zu stellen und zu betrachten. Wir wollen beide das Gleiche: Allein mit unseren Motorrädern Deutschland entdecken. Ich in maßgeschneiderter Lederkombi mit Handschuhen aus Känguruleder und einem UFO als Gefährt, er mit müffelndem Zweitakter, Textil-Klamotten vom Discounter und Bart mit Mittelscheitel. Wir mögen uns sofort. Meine alten Handschuhe kriegt er wieder hin, meint er, meine neuen Handschuhe aus Saarbrücken schenkt er seinem Vater zu Weihnachten. Zwei Sturmhauben aus Baumwolle und Seide kann er auch noch gebrauchen. Tschüss, is'n wildes Leben, ne?

Es nieselt leicht, aber es geht. Ich habe keine Regenkombi dabei, nur meine Rukka-Jacke. Ob man kleine Landstraßen fährt, normale Landstraßen, Bundesstraßen oder Autobahnen, es macht keinen Unterschied. Kerzengerade, links und rechts Bäume und Dauerregen von oben. Es macht keinen Spaß.

Meine Kamera bereitet mir große Sorgen, die Bilder lassen sich nur noch teilweise auf den Laptop überspielen. Am Mittag erreiche ich genervt die Herberge Otterndorf, meine Lederkombi, die Überjacke und die nagelneuen Held Krypton-Handschuhe haben dichtgehalten bei drei Stunden Dauerregen. Nicht schlecht. Aber was tun mit dem angefangenen Tag? Fotografieren geht nicht, es ist dunkel und regnet. In einen Fotoladen müsste ich, oder besser in einen Computerladen.

Aber vorher noch ans Meer, 500 Meter entfernt, einen kurzen Blick in das Grau in Grau versuche ich, ich liebe das Meer. Als wären das Meer und ich alte Bekannte, setze ich mich auf eine Bank, ziehe Stiefel und Socken aus, gehe ins Wasser. Sofort geht in einem kleinen Wolkenloch ein bisschen die Sonne auf. Obwohl hier eigentlich die Nordsee ist, schmeckt das Wasser eher nach Ostsee. Mild, wenig Salz. Die Elbmündung ist hier, der riesige Strom verdünnt noch spürbar die gewaltige Nordsee. Meine Füße freuen sich, wieder Strandsand zu spüren. Ich starre auf das graue Wasser und den grauen Himmel und vergesse meinen Wetterärger. Hier ist es schön.

Jutta sitzt auf der Bank, auf der auch ich gerne sitzen würde. Vier Stunden später sind wir ein Team im Kommentieren aller Strandvorkommnisse von Bademode, Kindererziehung über Lenkdrachen bis zu Hundehaltung und Körperpflege. Erst am Ende des Nachmittags kommen wir überhaupt dazu, uns namentlich vorzustellen, so viel hatten wir zu tun. Ein Tag am Meer. Morgen muss ich dringend in einen Computerladen.

Schwere Träume von Verlust und Einsamkeit. Ist das Reisekoller? Ich fühle mich nicht einsam, vielleicht inzwischen ein bisschen unzugänglich, eigenbrötlerisch und schrullig. Aber nicht einsam. Und eine Vision hatte ich im Traum, wie ich meine Kamera wieder zum funktionieren bringe: Das erste Foto, ab dem der Transfer zum Laptop abbricht, in der Kamera vor dem Überspielen löschen und: wunderbar, es funktioniert. Die Folgebilder transferieren problemlos. Noch vor dem Frühstück. Ich bin gut, echt gut, denke ich. Ich habe mir große Sorgen gemacht. Es hätte ja auch sein können, dass der Transfer bei allen Bildern mit einem Gelbanteil von über 27,2 Prozent die Übertragung abbricht und bei Bildern mit einem Gelbanteil von über 37,3 Prozent alle auf der Festplatte verfügbaren Bilder gelöscht werden. Ich misstraue allem Digitalen zutiefst.

Die kleine Küstenstraße zwischen Otterndorf und Cuxhaven ist wunderbar. Gemalt, wie ein Traum, sogar kurvig. Von dem kurzen Stück sehr grober Pflasterstraße sollte man sich nicht abhalten lassen, weiterzufahren. 300 Meter später ist das schon vorbei. Motorradwandern im sechsten Gang bei Standgas macht hier richtig Spaß. Ich fühle mich toll, der nächtliche Alptraum ist vergessen.

Nach erfolgreicher Fototour in Cuxhaven wieder zurück nach Otterndorf. Durch den großen Kreisverkehr am Ortsausgang Richtung B 73. Im inneren Kreisel merke ich, dass dies Schräglage ist und fahre noch mal rum. Und noch mal und noch mal und noch mal. Bestimmt zwanzig Runden, immer schrägere Linkskurve. Ich bin gut, echt gut, denke ich heute schon zum zweiten Mal und es ist erst Vormittag. Ich habe Freunde im Flachland, die am Wochenende gegen vier Uhr am Morgen aufstehen, um Kreisverkehre auch als Rechtskurve zu fahren. Die vom Kesselberg würden das verstehen.

Eine Strandbesichtigung, fotografieren, Jutta ist da, wir plaudern. Der Tag verplätschert am Meer, die Melancholie der letzten Nacht ist wieder da. Das letzte Viertel meiner Reise beginnt, Hamburg wäre jetzt keine 150 Kilometer entfernt, fast der naheste Punkt. Ab der folgenden Herberge in Büsum kenne ich die Strecken bereits. Die Runde über die Nordsee und Ostsee zurück nach Buckow wird noch drei, vier Wochen in Anspruch nehmen. Trotzdem, ich nähere mich spürbar wieder meinem bisherigen Leben. Ich glaubte, diese Reise hörte nie mehr auf. Und das macht mir Unbehagen. Die Digitalkamera überspielt jetzt keine Fotos mehr auf den Laptop. Gar keine. Das Kabel scheint defekt.

Der Regen geht weiter. Die Prognose ist noch schlechter. Der dritte Tag in diesem kleinen, eigentlich sehr hübschen Ort. Eine niedliche Altstadt, Badeseen, der Hadelner Kanal, die Medem (»... die sich von vorn wie hinten gleich liest«, so der Stadtprospekt) fließt durch den Ort.

Eine kurze Regenpause nutze ich, kurz ans Meer zu gehen und bin überrascht: Der Meer ist fast weg. Klar, ich bin ja an der Nordsee, Ebbe und Flut. Meine private Wattwanderung fällt aus, der Regen kommt zurück. Dick anziehen und in die Altstadt, vielleicht eine Zeitung kaufen. Leider hat kein Kiosk geöffnet, Zeitungen aus der Bäckerei mit dem Aufmacher »Estefania zieht bei Bohlen aus« will ich nicht. An einer Tankstelle mit Motorrad-Presse eingedeckt. Es regnet so stark, dass ich für den Rückweg ein Taxi brauche, was erst nach einer halben Stunde eintrifft. Provinz.

Ich sorge mich wegen des Regens. Hamburg ist nah, meine Reise während dieser Regenperiode zu unterbrechen, ist verlockend. Aber das hat irgendwie keinen Stil. Mit Büsum, Niebüll und Sylt ist außerdem die nächste Woche bereits gebucht. Die Zwischenetappen sind bei diesem Wetter kleiner. Dänemark als neuntes und letztes Grenzland wartet. Ich will weiter, sonst kriege ich ein Zeitproblem, in einem Monat werde ich in Hamburg erwartet.

Draußen prasselt, blitzt und donnert es. Ich schaue dauernd nach, wie der Himmel jetzt wohl aussieht. Frierend im Bett, mit dicken Socken und zugedeckt, ist mir langweilig. Jetzt scheint die Sonne und es donnert nur noch. So ist eben eine Motorradtour durch Deutschland. Dann der Geistesblitz: Die Festplatte ist voll. Allein das Löschen der Schräglagenkünstler von Rurberg bringt 350 MB. Tut mir leid, Jungs, es muss sein.

Otterndorf – Büsum

Krabbenkutter und Krabbenhändler

Herbst. Das ist kein nasser, kalter August mehr. Das ist Herbst. Man sieht wieder den Atem. Von Otterndorf nach Wischhafen. Die Fahrt über Neuhaus und Freiburg macht richtig Spaß, aus irgendeinem guten Grund pausiert der extreme gewittrige Regen der letzten Nacht während dieser Fahrt. Grüne Wälder, hübsche Dörfer und das Kernkraftwerk Brockdorf begleiten mich zum Wasser. Der leichte Regen macht mir nichts aus. Im Gegenteil, es fühlt sich so heimisch, so »richtig« an. Ich fühle mich sauwohl. Die Fähre über die riesige Elbe braucht eine halbe Stunde, die letzte Brücke über diesen Riesenfluss steht in Hamburg, die Köhlbrandbrücke. Und die ist weit. Mit dem bepackten Motorrad auf so einem großen Wasser zu sein, hat was von Weite, von Abenteuer. Gegrüßt wird nur noch mit »Moin« oder, von mir bevorzugt, mit »Moin Moin«.

Ich bin in Schleswig-Holstein. Kaum sind in Friedrichs-koog-Spitze die Matjes- und Krabbenbrötchen verdrückt, regnet es wieder. Herbst-Melancholie. Ich sitze draußen, meine treue Freundin, die Honda, steht neben mir und wird zum x-ten mal pitschnass. Die Schrammen an den Koffern von der Schneekoppe stammen aus einer anderen Zeit und einem anderen Land. Das ist alles schon so weit weg. Ich fühle mich wohl in meiner warmen Kleidung. Die Nässe, der starke Wind und die Kälte stören mich nicht. Die herbstliche Ruhe in diesem Kurort am Meer tut gut. Einzel-ne Kinder kreischen, ein Kinderhubschrauber, so einer, in den die Knirpse immer reinwollen, weil er sich ein bisschen nach oben und unten bewegt, für 50 Cent oder so, dudelt leise eine undefinierbare Melodie, aber niemand ist da, um gelockt zu werden.

Zurück über den Kaiserin-Auguste-Victoria-Koog, Neu-er Meldorfer Hafen und Büsumer Deichhafen nach Büsum. Eigentlich eine schöne Strecke, teilweise auf einer Deich-straße durch die Nordsee. Aber ich kann nur noch in Zehn-Kilometer-Etappen fahren, der Regen und vor allem der Seitenwind nehmen stark zu. Ein Unterstand ist leicht ge-funden: Jeder Baum, jede Hecke, schützt perfekt, da der Regen nicht von oben, sondern von der Seite kommt. Also eher ein Seitenstand als ein Unterstand, denke ich mit der gelangweilten Genervtheit des Motorradfahrers im Dauer-regen. Die Honda wird durch die Verkleidung sehr seiten-windempfindlich, schnell fahren geht nicht mehr.

Auf den letzten dreißig Kilometern vor dem Etappenziel muss ich fast jede Bushaltestelle als Unterstand nutzen, die

Böen und Gewitter nehmen kein Ende. Jedes der aufgesuchten Bushaltehäuschen zieren Graffitis der Interessengemeinschaft »Kiffen in Husum«. Die Situation ist so beknackt, dass ich schon wieder lache. Kurz vorm Ziel, und ich komme einfach nicht mehr weiter.

Büsum empfängt mich als nordisches Lindau. Vor fast tausend Jahren war Büsum eine von drei vorgelagerten Inseln. Die anderen beiden wurden vom Meer, dem Blanken Hans, weggerissen. Deren Ablagerungen verbanden Büsum, das damals noch Busen hieß, mit dem Festland. Nach der Krabbenfischerei ist der Tourismus Einnahmequelle Nummer eins. Obwohl es ununterbrochen regnet, sind die Straßen brechend voll, die Leute sitzen in den Cafés draußen, werden dabei nass, und keinen scheint es zu stören. Regenschirme, wasserfeste Kleidung und Gummistiefel sind ein Muss. Im Dauernieselregen sitze auch ich auf einer Bank und bestaune den malerischen Hafen, an einigen Fischkuttern wird lautstark und gut gelaunt gearbeitet. Eine so friedliche Koexistenz von Regen und Mensch hat schon wieder etwas.

In der Herberge komme ich routiniert an. Zimmer ist gebucht, hier die Schlüssel, dankeschön. Hier, mein Herbergsausweis, bitteschön. Da die Bettwäsche, da die Ortsbroschüre, ab 22.00 Uhr ist abgeschlossen, Garage fürs Motorrad? Danke, bitte. Aufs Zimmer, Bad und Toilette vor der Tür (»WC/Dusche Betreuerzimmer«), eher schlecht, Leselampe am Bett? Ist da, gut. Steckdose für Laptop in der Nähe des Bettes? Ja, ist auch da, gut. Umziehen, Bett beziehen, Tagesfotos von der Kamera auf den Laptop überspielen. 17.45 Uhr, Abendessen. Lecker. Ich bin müde, die Gewitter der letzten Nacht waren laut, der prasselnde Regen, Blitz und Donner ließen nur leichten Schlaf zu.

Die Gewitter gehen weiter. Das passt mir ganz gut. Ich schlafe nach dem Frühstück weiter fast bis zum Mittagessen. Scharf gewürztes Hühnchen, die Lebensgeister kommen zurück. Tatsächlich bricht die Sonne durch, ab in den Hafen, Fotos machen, von Krabbenkuttern, Krabbenhändlern, Leuchttürmen und Strandkörben.

Am Strand geht eine Wattwanderung los, ein paar ältere Herren, einige Damen nehmen teil. Der Nationalpark Wattenmeer organisiert diese Wanderungen, barfuß, mit dickem Regenzeug geht's ins Watt. Ganz am Anfang probieren wir den essbaren, nahrhaften und sogar gesunden Blasentang. Wie salzige Plastikfolie, gebraten soll er besser schmecken, ich weiß nicht so recht. Die Wattschnecke ist die kleinste und schnellste aller Schnecken, die Strandkrabbe bläht sich zur Häutung mit Wasser auf, bis der Panzer platzt, die Miesmuschel wird nicht nur von mir, sondern auch vom Seestern bevorzugt, die Kompassqualle hat kaum natürliche Feinde, weil sich niemand für einen Happen 98-prozentigem Wasser interessiert.

Die Weibchen der Brandseeschwalben suchen sich ihr Männchen danach aus, wer ihnen die meisten und größten Fische bringt. Anerkennendes Kichern bei den Damen, missbilligendes Gebrummel bei den Herren. Die männlichen Seepocken haben, relativ zur Körpergröße, den längsten Penis im Tierreich. Anerkennendes Gebrummel bei den Herren, nervöses Kichern bei den Damen. Es beginnt zu hageln. Im August.

Büsum – Niebüll

Es wird gegrillt, trotz Regen

Heute ist Fototag. Die Sonne scheint. Hektisch Motive jagen, wer weiß, wie lange das Wetter hält. Ab Büsum vorbei am Eiderstauwerk nach Sankt Peter Ording. Das Stauwerk an der Eider dient »Zur Abwehr von Sturmfluten, Sicherung der Vorflut und Erhaltung der Schifffahrt«. 1967 bis 1973 erbaut, nutzt dieses Riesending an der B 5 auch den Seehunden, die sich kurz vor dem Stauwerk ein kuscheliges Zuhause eingerichtet haben. Als gäbe es nichts Normaleres, tauchen die da herum und gucken. Sympathische Tiere.

In Sankt Peter Ording kann ich die große Attraktion, das Fahren und Parken auf dem riesigen Sandstrand, nicht nutzen. Der Sand ist dermaßen wassergesättigt, mein Motorrad würde sofort stecken bleiben. Dann eben nicht. Der Kurtaxenmaxe lässt mich nicht nur umsonst an den Strand, sondern passt während meiner Kaffeepause auch noch auf die

Honda auf: »Dolles Ding. Ich hatte auch mal 'ne Horex, die fuhr hundertfuffzig Spitze, und damit haben wir damals ...«

Nun muss ich mit dicken Socken, Stiefeln, Lederkombi, Überjacke und Fotoausrüstung bis an eine dieser Pfahlbauten laufen. Was so nah aussieht an diesem flachen Strand, zieht sich ganz schön lange hin. Besonders, weil ausgerechnet jetzt die späte Augustsonne durchkommt. Die mitunter unberechenbare Flut erfordert Pfähle von fünf Meter Höhe, um die Restaurants und Cafés nicht jedes Jahr neu aufbauen zu müssen. Von der Straße ist die Wasserlinie weit entfernt, der Sandstrand sehr groß, was ich nun schwitzend zu spüren bekomme. Mit dem Auto mache ich an diesem Strand immer Schleuderübungen.

Der Wind bläst irre. Surfer, Kiter, Drachenflieger und Strandgleiter. Alles, was mit Wind zu tun hat. Besonders die Kiter beeindrucken mich. Mit einem Affenzahn ballern sie durch die Wellen, springen, fliegen, veranstalten sogar Saltosprünge. Die Riesenflächen der Lenkdrachen, direkt in den Wind gehalten, reißen einen Menschen senkrecht nach oben. Deren eigentliche Surfbretter sind ziemlich klein, das Ganze würde vermutlich sogar barfuß funktionieren. Vor kurzem habe es einen schlimmen Unfall gegeben. »Na und?«, sagt der Windsurfer Sönke aus Husum. »Rauchen ist viel gefährlicher, aber deswegen hört doch keiner auf damit ...«

Oben, im Strandcafé, ist es windgeschützt, die Pause tut gut. Meine Überbekleidung ist noch von der kurzen Regenfahrt nass, meine Unterkleidung schon wieder nassgeschwitzt. Ein weiter Blick über diesen unendlichen Strand, kilometerweiter, weißer Sandstrand. Es gab sogar mal eine

Fernsehserie aus dem hiesigen Surfermilieu. Es existiert eine richtige Szene, Camps auf und am Strand mit kleineren Transportern, obendrauf die Surfbretter, innen kann man notdürftig schlafen, zwischen den Autos ein Grill, trainierte Surfer mit ihren schönen Strandmädchen. Tolle Atmosphäre.

Ein kurzer Abstecher nach Friedrichstadt langweilt mich. Gewollt fotogen, auf typisch norddeutsch gemacht, kanaldurchzogen. Eine herausgeputzte Bilderbuchstadt für Touristen. Voller Restaurants mit regionalen Spezialitäten. Schnell ein paar Fotos und weg. Vor mir dunkle Wolken, im Rücken die Sonne, links der Abzweig West-Horstedt, rechts Ost-Horstedt. Ich fahre nach Norden.

Um die Ecke liegt Nordstrand. Eine Insel, die über eine Straße zu erreichen ist. Ich habe Nordstrand vor zehn Jahren entdeckt. Ich mag, dass es hier so gar nichts Besonderes gibt. Vielleicht, dass ein kleines Dorf England heißt, wohl von heimwehkranken Siedlern einst so benannt. Diese Insel ist ruhig. Alles voller Heidschnucken. So nennt man die frei laufenden Schafe, die das Gras auf den Deichen kurz fressen und die Deiche festtrampeln. Küstenwache in dicker Wolle. Die Insel ist besonders charmant im Winter, wenn hier wirklich der Hund begraben ist. So eine Tristesse, so eine nebelverpackte Lebenspause findet man kaum noch an der See.

Am Süderstrand im Hotel Am Heverstrom nehme ich wie immer meinen Kuchen auf der Sonnenterrasse. Die kennen mich sogar noch, es ist lange her, dass ich das letzte Mal hier war. Ein älterer Herr geht über den Zaun auf die Deichwiese, setzt sich auf seinen mitgebrachten Klapphocker zwischen die Heidschnucken und malt das Watt und das weite Meer. Mit seiner hellen Kleidung und seinen weißen Haaren sieht er aus, als gehöre er selbst in sein Bild.

Bei Bredstedt verlasse ich die B 5 Richtung Dagebüll nach Niebüll, meiner heutigen Herberge. Auf Höhe der Insel Oland führt die Straße auf einem Deich fast durchs Meer, ein herrlicher Ausblick. Der Wind ist sehr stark, die schwere Honda wird wie ein Fahrrad geschubst. Als ich Niebüll erreiche, werde ich auf den letzten Metern noch mal richtig nass. Nach dem Schauer esse ich ein Eis, es ist schließlich Sommer. Am Abend, in der komfortablen Herberge, wird gegrillt, trotz Regen. Es war ein schöner norddeutscher Tag.

Der Luftkurort Niebüll hat ebenfalls so gar nichts Besonderes. Bekannt eigentlich nur als Verladestation des Autozuges über den Hindenburgdamm nach Westerland auf die Insel Sylt. Die Touristen-Information ist geschlossen, die Prospekte liegen einfach aus. Niebüll verlor zwar 1970 den Status einer Kreisstadt, aber nicht die »unbestrittene Rolle ... als Unterzentrum mit Teilfunktionen eines Mittelzentrums in der Region ...« Schöner hätte ich es auch nicht sagen können, genau das ist mein Eindruck. Die offensichtliche Möglichkeit von »Einkaufsbummel ohne Großstadtrummel«, so der Prospekt weiter, und die kleinste mir bekannte Niederlassung von Karstadt, runden das Bild ab. Ich mache natürlich sofort den empfohlenen Einkaufsbummel und erstehe ohne Großstadtrummel eine Tube Zahnweiß, der viele Kaffee setzt unschön an.

Mittäglicher Hunger erinnert mich an meinen Auftrag

der Verkostung regionaler Spezialitäten. Da sich hier aber keine Touristen aufhalten, gibt es auch keine regionalen Spezialitäten. Die Menschen der Region essen, was alle Menschen in Deutschland auf die Schnelle zum Mittag essen: Pizza, Pasta, Pommes und Döner. Noch nicht einmal ein Fischbrötchen finde ich. Einer der seltenen Motorradfahrer fährt eine Yamaha XV 535 mit allem dran, was der Zubehörhandel seinerzeit an Chopper-Accessoires hergab. Dazu passend trägt er zu seiner Fransenlederjacke eine am Bauch zu enge und deswegen tief sitzende Jeans.

Also gut, zur Attraktion des Ortes, der Verladestation Niebüll nach Westerland. Die vermutlich lukrativste Bahnstrecke Deutschlands verbindet das Festland mit der ehemaligen Jet-Set-Insel, die noch heute offensichtlich gut von ihrem vergangenen Ruhm leben kann. Als 60er-, 70er-Partyinsel der Reichen und Schönen versorgte Sylt die Nation mit Schlagzeilen um den Jet Set und mit Träumen von endlosen Sandstränden. Heute ist das alles eher gesetzt, diskret, gealtert und »entre nous«, aber »... ritzy homes and luxury cars prove, that the moneyed set has not disappeared«, so Lonely Planet.

Wer es sich leisten kann, fliegt nach Sylt und hat dort ein eigenes Anwesen und einen Insel-Fuhrpark. Für arrivierte Hamburger ein Muss. Wer es sich leisten will, fährt ab Niebüll mit dem Autoreisezug. Man kommt an, wartet mindestens eine halbe Stunde, bis die Verladung beginnt, in der Saison deutlich länger, dann wird eine halbe Stunde verladen, dann fährt der Zug eine halbe Stunde über den Damm, man bleibt im Auto sitzen, für Motorräder gibt es einen separaten, geschlossenen Waggon, dann wird eine halbe Stunde entladen. Das Ganze ist ziemlich teuer, ziemlich umständlich und erinnert mich an den Zwangsumtausch in der ehemaligen DDR.

Die dritte Möglichkeit ist eine Fähre ab dem dänischen Römö, für einen allein reisenden Herren mit Motorrad wohl das Geeignete. Die im Preis-Leistungs-Verhältnis unschlagbare, aber gerade deswegen auf Sylt durchaus kontrovers diskutierte Variante, ist das Schleswig-Holstein-Ticket der Bahn. Leider darf ich die Verladestation nicht fotografieren, ohne Fahrkarte. Es ist interessant, die Reaktionen der Sylt-Unwissenden zu beobachten, die es nicht fassen können, horrende Preise für einen etwa dreißig Kilometer langen, trotzdem mehrere Stunden dauernden Transfer zu bezahlen, der ansonsten ein paar Tropfen Benzin und wenige Minuten gebraucht hätte.

Der letzte Tag im August verdunkelt und stürmt und regnet. In der Herberge Niebüll nehme ich zum Abendessen im Fernsehraum Platz. Darf man eigentlich nicht, aber es hat niemand gemerkt. Das Huhn ist gut gewürzt, Kartoffelbrei, Karotten und Reispudding, Kirschsaft. Ah, ein Fernseher. Zum ersten Mal seit zehn Wochen stelle ich so ein Ding an. Und kann es nicht fassen. Ist das blöde. Das Programm, die Werbung, die Männer, die Frauen. Die Themen. Mein Freund Andreas arbeitet als Redakteur bei einer Produktionsfirma im Auftrag eines bekannten privaten Fernsehsenders. »Programm, damit die Doofen noch doofer werden ...«, sei das, was er mache. Ich sehe ein paar Minuten zu, stelle das Gerät wieder aus. Mir tut es sogar um

die paar Minuten leid, die ich ihm Aufmerksamkeit geschenkt habe.

Draußen gibt es keinen Himmel und keine Sonne mehr,
nur noch Grau. Es regnet nicht wirklich. In Pullover und
Jeans braucht man etwa fünf Minuten, bis die Kleidung unangenehm feucht und etwa dreißig Minuten, bis man richtig
nass ist. So geht das seit Stunden. Das genaue Gegenteil von
süddeutschem Regen. Im Süden brechen die Wolken auf,
platsch, Wolke zu, Sonne. Im Norden ist es stark nebelig
runter bis auf Bodennähe. Stunden-, tage-, schlimmstenfalls
wochenlang.

Niebüll – Sylt

Reethäuser und Strandkörbe

Die Fähre nach Sylt ab Römö? In Niebüll, direkt um die Ecke, fährt der Autozug nach Sylt. Das wäre aber zu einfach. Ich denke an Albert Schweitzer und sein Gedicht »Du bist so jung wie deine Zuversicht«. Darin beschreibt er Jugend als den »Triumph der Abenteuerlust über die Trägheit ...« Also was tun? Die Wetterprognose sagt, dass ab Mittag wieder diese Regenstürme einsetzen werden. Es ist 8.30 Uhr. Ich habe keine Landkarte für die Fahrt nach Römö, aber die Fährverbindung ist schon kurz hinter Niebüll ausgeschildert. Mein letztes Grenzland. Neun Länder in neun Wochen liegen dann hinter mir. Wow. Also los. 70 Kilometer Umweg. Kerzengerade. Kein Kreisverkehr, kein gar nichts. Kerzengerade.

Genau in der Mitte zwischen Römö und Niebüll, gegen 9.15 Uhr, setzen die Regenstürme ein. Ich werde nass und nasser, halte an, packe in strömendem Regen um, um zumindest die Kamera zu sichern. Als es unerträglich wird, sogar Autos halten jetzt an, man sieht nichts mehr, bietet eine dänische Tankstelle Unterstand. Die 67 Kilometer lange Grenze zu Deutschland ist die einzige Landgrenze Dänemarks. Ansonsten überall Wasser, Meer und Strand. Kein Flecken Land ist in Dänemark weiter als 50 Kilometer vom Meer entfernt. Die Strände sind unendlich lang und teilweise mehre hundert Meter breit.

Junge Sylter Motorradfahrer kommen von der Fähre und wollen noch 250 Kilometer weiter zu einem dänischen Motorradtreffen. Einer überzieht seine Socken mit Plastiktüten und dann alles wieder in die Turnschuhe, ging damals auch, auf dem Mofa, sagt er. Respekt, die Wikinger mit ihren alten Triumph sind hart im Nehmen. Eine Tüte Fritten und zwei Hot-Dogs, neben dem kunstvoll belegten »Smörrebrod« eine weitere dänische Spezialität, und weiter geht's. Um 10.10 Uhr erreiche ich durchnässt vom dänischen Regen und total genervt die Fähre. Gerade weg, um 12.00 Uhr die nächste, das Restaurant hat geschlossen. Nach zehn Jahren Nichtrauchen kaufe ich mir die erste Packung Zigaretten.

Und dann geht es doch schnell. Ein paar Schlechtwetterfotos, Zigarette, Smörrebrod, Zigarette, Fähre. 22 Euro gehen in Ordnung, der Reisezug ist deutlich teurer. Das Motorrad wird mit Bügeln gesichert und angebunden, das hält. Fahrten auf Fähren machen mir Spaß. Ein Riesenkahn. Oben, an Deck, haut der Wind mir das Gesicht weg. Hoffentlich hält die Kamera die Gischt aus. Reden mit dem Nebenmann ist Brüllen, Fotografieren geht nur mit gut angebundenem Fotoapparat. Das Meer ist heute eher sanft, aber mir reicht das schon. Eine solche Wucht, was sind dagegen 150 PS oder 250 PS oder 2.500 PS? Ich stehe da und denke an diese berühmte Ohrwurm-Szene aus dem Film Titanic, ich fände es passend, meine Arme auszubreiten und laut zu singen, beherrsche mich schweren Herzens und verhalte mich lieber unauffällig. Fast alle Passagiere bleiben drinnen im Schiffsrestaurant sitzen. Wie kann man sich ein solches Schauspiel entgehen lassen?

Schade, die Überfahrt ist in weniger als einer Stunde vorbei. Beim Beladen habe ich mich vorgedrängelt und darf jetzt als Erster wieder von Bord rollen.

List im Norden von Sylt ist superschön. Der Regen hat aufgehört, es ist mild, die Nordsee hält noch die Wärme des Sommers, es ist dunstig, die Wolken hängen bis zur Erde. Diese wunderschönen, ausnahmslos mit Reet gedeckten Häuser schmiegen sich so elegant in die Dünen. Ich staune. Ich bin nicht zum ersten Mal hier, es kommt mir aber heute wie ein Wunderland vor. So wohlhabend diese Häuser und – trotzdem oder deswegen – im norddeutschen Understatement, versteckt in den Dünen, mehr zu ahnen als zu sehen.

Westerland dagegen ernüchtert mit seinen profanen Einkaufsstraßen, die überall sein könnten. Und Hörnum, meine Herberge über das Wochenende, erst recht. Außerhalb gelegen, nebenan wurde ein ehemaliges Militärgelände abgerissen, ein großer Sand- und Steinhaufen wird seit über einem Jahr zum dritten Golfplatz der Insel geformt. Draußen tobt der Wind, es zieht in allen Ecken. Wind, Wind, Wind.

Nach dem Abendessen geht es an den nahen Strand.

Dort leiste ich Abbitte. Die fiese Regenfahrt, der lange Umweg, die Zigaretten, die verpasste Fähre, das kleine Zimmer, alles vergessen. Die Wolken reißen auf. Der Strand ist in Laufnähe. Ganz Sylt ist nach Westen ausgerichtet, die Sonne geht unter, glühend in einem Wolkenensemble. Gut, dass ich meine Kamera wegen des erwarteten Dauerregens nicht mitnahm, so gehört der Moment mir. Strandkörbe stehen überall herum, ich setze mich und schaue mich um. Links: weißer Sand, so weit das Auge reicht. Rechts: weißer Sand, so weit das Auge reicht. Vor mir brechende Wellen, groß und mächtig wie die Brandung des Atlantik. Über mir die goldgelbrotorange Abendsonne.

Das Wasser ist warm, es wird geschwommen. Und dieser Wind, der das Denken befreit. Seriöse Damen und noch seriösere Herren werden in den krachenden Wellen und im glühenden Sonnenuntergang zu kreischenden Strandmädchen und johlenden Strandjungs. Was die Alpen im Süden, das ist die Nordsee im Norden. Erhaben und unvergleichlich. Heute, am 1. September, erreiche ich den nördlichsten Punkt meiner Reise. Das letzte Viertel beginnt.

Zum zweiten Frühstück geht es wieder nach List, in den Hafen. Die Straße dahin, es gibt ja nur eine, ist schön in der Morgensonne, die frühe Insel ist bezaubernd. Viele teuere Autos, fast alle aus Stuttgart, kaum Modelle aus München, die gelten hier offensichtlich als zu hemdsärmelig. Den Norden von Sylt mag ich besonders, die schönen Häuser von List und Kampen möchte ich heute fotografieren. Ich esse diese Fischbrötchen so gern, Krabben, Bismarckhering und vor allem und immer wieder zarten Matjes. In der »nördlichsten Fischbude Deutschlands«, so die Eigenwerbung von Gosch, noch eine Cola, ein Bäuerchen, einen Cappuccino, und der Tag kann kommen.

Die Reethäuser, besonders in Kampen, sind bei genauem Hinsehen noch schöner als von der Straße her vermutet. So geschmackvoll. Selbst vor einem guten Teleobjektiv verbergen die Dünen indiskrete Blicke.

Meine Augenentzündung ist fast weg, nicht durch die starken Cortison-Tropfen, sondern mittels Homöopathie. Die Sonne scheint und schmerzt nicht mehr in den Augen.

Heute Abend fotografiere ich den Sonnenuntergang am Strand. Vorher fröne ich aber noch meinem neuen Hobby: Unschuldige und wehrlose Mitarbeiter in Touristen-Informationen zu quälen. Ich betrete das Büro in Westerland, zwei Damen sehen mich jetzt noch freundlich an. Eine fragt routiniert, was sie für mich tun könne. »Guten Tag. Ich schreibe ein Buch über eine Reise rund um Deutschland und bräuchte die Einwohnerzahlen von Sylt nach einzelnen Städten und gesamt der letzten Jahre, außerdem die Zahl der Touristen nach Tagesgästen und Übernachtungsgästen oder deren Gesamtanzahl sowie dasselbe für die Übernachtungszahlen. Haben Sie auch Wertangaben zum Aufwand für den Küstenschutz der letzten Jahre? Ich vermute, der ist für Sylt größer als für alle Tsunami-Länder zusammen.« Die zweite Kollegin hat mitgehört und kommt sofort und selbstlos zur Hilfe.

Nachdem der erste Schreck sich gelegt hat, kommen interessante Details ans Tageslicht. Auf Sylt leben 3.000 frei laufende Schafe zum Deich- und Küstenschutz. Pro Jahr werden eine Million Tonnen Sand nachgeschüttet, weil genauso viel jedes Jahr vom Meer weggetragen wird. 21.500 Einwohner, davon 9.000 in Westerland, stemmen über 600.000 Übernachtungen pro Jahr, ohne Tagestouristen. Davon sind laut Umfrage 60 Prozent FKK-begeistert. Gutes Rechercheergebnis. Ich denke an meine Begegnung in Oberstdorf im Allgäu, vielleicht rufe ich den Journalisten an, um die aktuellen Fakten durchzugeben.

Nachmittags möchte ich Strandfotos machen, im Strandkorb rumhängen, gute Nachrichten- und Motorradmagazine lesen und über die Welt nachdenken. Es verdunkelt, kein Regen, aber auch kein Licht. Die erste Werbeanzeige in meinem guten Hamburger Nachrichtenmagazin wirbt für einen sauteuren Geländewagen, der vorhin auf dem Strandparkplatz stand. Direkt vor den unter Naturschutz stehenden und daher nicht befahrbaren Dünen. »Seerauschen statt Handyklingeln. Endlose Küsten statt endlose Sitzungen. All diese Freiheiten können Sie jetzt genießen.« Ich denke an den nordisches Bier trinkenden, unrasierten Designer-Mantel, der vor Freude rückwärts in die Dünen fällt, weil er keine Termine und Meetings hat. Der ist heute bestimmt mit diesem Auto hier und fällt vor Freude gleich wieder um. Ich lächle und bin zufrieden mit mir, so wie ich bin.

Irmgard aus dem Allgäu, ihr Mann Manfred und ihr Sohn David sitzen im Strandkorb neben mir. Wir kommen ins Gespräch, aha, interessant, eine Deutschlandreise. Irmgard hatte früher, nach dem Abitur, einen Sommer lang Frankreich bereist. Das erste Mal allein, mit dem Fahrrad und wenig Geld, um zu wissen, ob sie so klar kommt. Sie schlief ohne Zelt im Schlafsack, da, wo es schön war. Und wenn es sein musste, fuhr sie zur französischen Polizei und fragte, ob eine Zelle frei sei. Die Polizei fuhr sie wiederum mit Tatütata in eine Unterkunft, in der hilfsbereite und herzliche Menschen ihr ein Bett, ein Essen und für den nächsten Tag noch ein Lunch-Paket anboten. Reizenden, weit über achtzigjährigen Damen in verwunschenen, alten, windschiefen Hexenhäuschen bot sie gegen Kost und Logis ihre Hilfe beim Pflaumenpflücken an. Um anschließend festzustellen, dass diese im Keller von den Damen zu exzellentem Schnaps gebrannt wurden.

Eine Ente, einen Citroen 2 CV, kaufte sie damals für etwa dreihundert Franc, mit abgelaufenem holländischen Kennzeichen. Das Fahrrad wurde bei aufgeklapptem Textildach von oben eingesteckt. War eng, sagt sie, aber es ging. Den Wagen wollte ihr hinterher noch nicht mal der Schrotthändler abkaufen. Ein Passant von der Straße nahm ihr die kaputte Ente aus Mitleid ab, sie konnte den Motor während des Verkaufsgesprächs nicht ausmachen, weil der ansonsten nicht mehr angesprungen wäre. »Das würde ich mich heute nie mehr trauen, aber, man glaubt es ja selbst nicht mehr, es geht, gut sogar«, sagt sie. Ihr Mann, ihr Sohn und ich sitzen mit offenem Mund da und sind schwer beeindruckt von dieser Reisereportage eines seinerzeit neunzehnjährigen Mädchens. Es beginnt wieder zu regnen auf Sylt.

Sylt – Schleswig

Coast to Coast

Von der Nordsee an die Ostsee ist es nicht weit. Keine 100 Kilometer. Regenschauer und sehr starker, böiger Wind. Schade, ich wäre gerne mit der Fähre ab List zurück nach Dänemark und weiter über Dänemark an die deutsche Ostsee gefahren. Aber so bietet sich der Reisezug ab Westerland einfach zu sehr an. 26 Euro sind viel günstiger als ich dachte. Autos werden verladen auf doppelstöckige Waggons wie bei jedem Reisezug, die Insassen bleiben während der Fahrt in ihren Wagen. Motorräder kommen in einen geschlossenen Waggon, werden gesichert, man setzt sich in das separate Abteil, sehr komfortabel, fast vornehm. Der Tag fängt mit einem zweiten Frühstück gut an, während es draußen wieder aus Kübeln gießt. Die Überfahrt dauert mit allem Pipapo eine Stunde.

In Niebüll wirft mich der Wind fast um. Über die B 199 möchte ich über Flensburg und Kappeln an der Schlei nach Schleswig fahren. Hier gibt es bezaubernde kleine Sträßchen, auf denen man herrlich bummeln kann. Der Sturm verdirbt alles. Auf der Bundesstraße sollte man nicht zu langsam fahren, aber die Versuchung ist groß, nur noch zu schleichen, der Wind spielt mit mir, als säße ich auf einem Fahrrad. Schneller fahren geht versuchsweise eine Zeit lang ganz gut, bis eine wuchtige Windbö mich quer über die ganze Straße schiebt und ich nur mit Glück und pochendem Herzen auf dem Grünstreifen der linken Fahrspur zum Stehen komme. Hui, das war knapp. Zum Glück kein Gegenverkehr. Nix mehr mit entspanntem Schwingen auf kleinen Straßen, angespannt steuere ich die Fuhre Richtung Schleswig an der Schlei.

In Schleswig begann meine zweite Liebe zu Jugendherbergen. Als Kind mit meinen Eltern habe ich in grauer Vorzeit die Jugendherberge Hohenberg besucht. Dann aber jahrzehntelang mit Jugendherbergen nichts mehr zu tun gehabt. Ich habe noch nicht einmal gewusst, dass diese Art der Unterkunft für Erwachsene überhaupt zugänglich ist. Vor zehn Jahren dann begann meine Lust, mit dem Motorrad zu reisen, und ich entdeckte die internationalen Jugendherbergen aufs Neue. Und die erste Übernachtung meines Erwachsenenlebens in einer Herberge war in Schleswig. Ich fand das damals abenteuerlich, exotisch und exzentrisch. Und das ist bis heute so geblieben.

Das übliche Entree, die Chefin erinnert sich an mich, Strom am Bett, Leselicht am Bett, leider keine Garage und so weiter, ich komme an und bin froh, in diesem Sturm nicht weiterfahren zu müssen. In der Touristeninformation bin ich heute weniger fordernd, die erschreckten Gesichter aus Sylt müssen nicht noch einmal sein. Ich erfahre, wo die besten Fotomotive zu finden sind und dass der Ostseefjord Schlei früher eine bedeutende Handelsstation der Wikinger war. Der weltweit am besten erhaltene Hafen der Wikinger, Haithabu, sei ein Muss für Schleswig.

Das Muss muss warten bis morgen, denn heute werde ich wieder mal ein Presseinterview organisieren. Inzwischen bin ich so routiniert, dass vorherige Anrufe nicht mehr nötig sind, ich gehe einfach in die Lokalredaktion in der Einkaufsstraße, sage mein Sprüchlein auf, und Wiebke Naggert von den Schleswiger Nachrichten nimmt sich gleich eine Stunde Zeit fürs Interview. Es sprudelt nur so aus mir heraus, zehn Notizblockseiten schreibt sie mit. Morgen Früh treffen wir uns an der tollen Fotostelle, die mir auch von der Touristeninformation genannt wurde, direkt neben dem Wikingermuseum. Drei Fliegen mit eine Klappe. Als der Ankunftstag erledigt ist, ist es auch schon Abendbrotzeit. Perfekt, alles kommt zu mir, nichts fehlt, alles ist in mir. Um neun Uhr am Abend ist es bereits wieder dunkel.

Ein sonniger Tag im frühen Herbst. Das Fototreffen gestaltet sich schwieriger als gedacht, Haithabu als Orientierung ist kaum ausgeschildert. Ich hätte mir doch einen Stadtplan besorgen sollen, Wiebke wartet schon auf mich. Das Motiv von Schleswig in der Mittagssonne über die Schlei hinweg ist allerdings wunderbar. Schleswig ist, ähnlich Leer, eine schöne nordische Stadt am Wasser, Möwen kreischen, Wellen rauschen, Schiffe fahren. Bis auf die obligatorische Fußgängerzone hat man in vielen Straßen ein Gefühl von Originalität. Das Stadtbild ist auch nicht so übermäßig gepflegt, dass durch Sterilität der Charakter verloren ginge. Solche Städtchen bringen meine Abneigung gegen die Provinz ins Wanken, schön ist es hier.

Beim anschließenden Besuch des nahen Wikingermuseums sowie der nachgebauten Wikingerhäuser schlagen zwei Herzen in meiner Brust. Der Reiseführer in mir lobt die Ausstellung im Wikingermuseum, besonders das dreißig Meter lange, originalgetreu rekonstruierte Wikingerboot. Man hat das Gefühl, diese Zeit zu erleben, alles wirkt authentisch. Nach 1200 Jahren wurden auf dem nahe liegenden Gelände von Haithabu die originalen Wikingerhäuser rekonstruiert und in der ursprünglichen Position aufgebaut. Es gibt Landestege am Wasser und Bohlenwege zu den Häusern. Alles sehr schön gemacht, wer sich für Wikinger interessiert, verbringt einen erlebnisreichen Tag.

Der Reisende in mir dagegen ist genervt von dem kilometerlangen Fußmarsch vom unbewachten Parkplatz zu den Häusern. Ein riesen Touristenrummel, volle Parkplätze, Autobusse, auch außerhalb der Saison. Dickes Leder, Tankrucksack, Helm und Fotoausrüstung durch die Touristenmengen zu schleppen, ist schweißtreibend und einfach unpassend. Wer sich für Wikinger interessiert, sollte diese Attraktion mit dem Taxi oder Bus besuchen, in Motorradkleidung und mit Gepäck macht es keinen Spaß. Das Wetter hätte heute zudem eine schöne Tour durch den nordöstlichen Zipfel Schleswig-Holsteins erlaubt.

Derart genervt setze ich mich vor das Restaurant des

Museums, wo eine junge Frau aus grober Wolle Socken strickt. Petra aus Fulda wohnt auch in der Jugendherberge, sie macht mit ihrem Auto in den Semesterferien eine Wikingertour durch Nordeuropa. Petra traf sich mit Gleichgesinnten in Norwegen, Schweden, Dänemark, Finnland und im Baltikum. Jetzt fährt sie wieder nach Hause, nächstes Jahr geht es in die Bretagne und nach England zu Wikingertreffen.

Wie ich höre, gibt es in Europa eine riesige und internationale Interessengemeinschaft zum Leben der Wikinger. Viele Menschen leben, essen, schlafen und kleiden sich ganz selbstverständlich heute noch wie die Wikinger. Man veranstaltet große, sehr große, tage- und wochenlange Treffen, auf denen von Tausenden das Leben dieser Zeit nachgelebt wird. Ob ich denn nicht die Viking-Websites und Viking-Zeitschriften kennen würde? Die kennt doch jeder.

Der Touristenrummel hier gefällt Petra auch nicht, es sei alles so konstruiert und gepflegt. Die Derbheit des Lebens dieser Zeit komme nicht rüber, sagt sie. Die Wolle der Socken, die sie da gerade strickt, ist sehr rau. Sie ist ungeschminkt, trägt Holzschuhe und hat Schwarzes unter den Fingernägeln. Auch Wikingerfrauen hätten natürlich Tricks zur Schönheit und Verhütung der Empfängnis, da solle ich mich aber selber drum kümmern, wenn's mich interessiere. Das ist also Petra, ansonsten eine ganz normale Studentin, die Kohlrabi und Äpfel knabbert.

Asen heißen die nordischen Götter, Asgaard heißt daher das in Schleswig gebraute Bier. Asgaard heißt auch das supertolle Restaurant, in dessen Mitte eben jene Braukunst

stattfindet. Bei einem leckeren gebratenen Hering mit Brat-
kartoffeln kommt mit meinen dänischen Tischnachbarn das
Gespräch auf die dänische Minderheit in Schleswig-Holstein. Das hatte ich doch schon mal: Sorben in Bautzen,
Ortsschilder in zwei Sprachen, Landesverfassung und so,
werfe ich weltgewandt ein. Ja, sagt mein Nachbar, die Dänen in Schleswig-Holstein, wie auch die Deutschen in Dänemark, hätten einen Sonderstatus aus der Adenauerzeit.
Die Fünf-Prozent-Hürde gelte für sie nicht, bei der letzten
Landtagswahl hätte diese Minderheit schon fast absurde
Bedeutung erlangt. Gesonderte finanzielle Zuwendungen,
eigene Schulen, eigene Brauchtumspflege. Soweit die Theo-
rie. Ich habe mal irgendwo zweisprachige Ortsschilder gesehen, hier im Norden, das hätten aber auch komische
Ortsnamen sein können, ich habe nicht weiter darauf geachtet.

Wie tritt so eine geschützte Minderheit hier oben auf?
Bemalen die auch Ostereier wie die Sorben in Bautzen? Die
Antwort liegt um die Ecke. Hinten links in der Straße Lollfuß, erklärt der Däne, dort sei eine dänische Bibliothek, eines der Schleswiger Zentren der geschützten Minderheit.

Diese Straße zeichnet sich durch Geschäftsaufgaben,
Preise um fünf Euro pro Quadratmeter für leer stehende La-
denflächen, Fachgeschäfte für Gothic, Punk, Piercing und
Rauchzubehör und die obligatorischen Versicherungsmak-
ler aus. Dann noch die vom Prinzip Angebot und Nachfra-
ge entbundenen Apotheken, sonst ist hier nichts. Ich frage
Passanten nach einem dänischen Zentrum, einer dänischen
Bibliothek, den Modalitäten des dänischen Minderheiten-

status. »Keine Ahnung«, »Nie gehört«, »Hier? Nä, weiß nicht ...«, »Dänen ...?« Komisch, die Ortsbeschreibung war eindeutig, der beschämende Wahlrummel um die Minderheit ging durch alle Medien. Ich gehe Lollfuß immer weiter, bin nun neugierig geworden. Von mehr als zehn Leuten, die in unmittelbarer Nähe der dänischen Bibliothek wohnen, weiß keiner von den Dänen. Ich mache mir einen Spaß aus meiner Minderheitenrecherche und frage direkt vor der Bibliothek stehend Passanten. Die schütteln den Kopf: »Sonderstatus? Bibliothek? Hier? Nä, kenn ich nicht ...« Die Bibliothek ist am hellen Nachmittag geschlossen. Es wirkt nicht so, als hätte das jemand bemerkt.

Schleswig – Dahme

Ein Tag unter Haien

Das endlose Flachland der Region um die Nordsee ist vergessen. Ab Schleswig entlang der Schlei über Kappeln, Eckernförde mit seinen Badestränden, durchs Schwedeneck über Kiel nach Schönberg, Lütjenburg, Oldenburg in Holstein nach Dahme an der Ostsee. Der Himmel sieht nach Gewitter aus. Trotzdem macht dieses kurvige Hügelland viel Spaß. Ja, Hügelland. Spätestens die Holsteinische Schweiz um den Selenter See macht Schluss mit der fürchterlichen Geradeausfahrerei. Die Ortsnamen Kalleby, Nieby, Pommerby, Brodersby, Schuby, Kaby sowie Dänisch Nienhof und Dänischenhagen wie auch – überraschend – Kalifornien, zeugen von einigem Heim- bzw. Fernweh.

Die Badestrände der Kieler Bucht sind zahllos, die Seen Ostholsteins ebenfalls. Ich komme nach Hause. Wie lieblich, wie abwechslungsreich nach der schieren Gewalt der Nordsee. Der Wind hier ist eine frische Brise, kein Sturm mehr. Unerwartet kommt die Sonne durch, blauer Himmel.

Die Straßen sind zwar noch etwas nass, ohne diese Windböen macht es aber schon wieder Spaß, es ein bisschen flotter anzugehen. Meine Reifen sehen ziemlich verschlissen aus, auch an den Flanken, ich habe offensichtlich in diesem Sommer dazugelernt.

Dahme ist ein Küstenort wie so viele bisher. Und doch in seiner Lieblichkeit neu. Touristen, Rentner meist, Nachsaison. Die erst in diesem Sommer eröffnete Herberge Dahme liegt direkt an einer Steilküste zur Ostsee, Treppe runter, rein ins fast noch warme Wasser, der große Badestrand ist um die Ecke. Fähren nach Skandinavien überall. Ist das schön hier.

Mein Zimmer wird noch bereitet, ich sitze so lange im Hof der Herberge, starre auf die See, spiele mit dem Herbergshund, Möwen kreischen, Segelschiffe am Horizont. Der Sand ist fein, pulverig fast, anders als der körnige, grobe Sand auf Sylt. Ebbe und Flut gibt es gar nicht, das Wasser schmeckt dezent salzig, nicht so herb versalzen wie die Nordsee. Die Wellen sind nur noch ein Plätschern, kein Tosen. Nordsee zu Ostsee verhalten sich wie Atlantik zu Mittelmeer.

Die Prospekte der Touristen-Information verheißen für morgen einen Besuch des Riesenhai-Aquariums auf der Insel Fehmarn. »Ein Tag unter Haien. Sie halten den Atem an, wenn ein drei Meter großer Sandtigerhai auf Sie zuschwimmt.« Klingt gut. Seit ich »Der weiße Hai« von Steven Spielberg im Kino sah, erschrecke ich auf der Luftmatratze im Wasser liegend bei jeder unbekannten Berührung zu Tode. Algen oder sonstige dunkle Schatten auf dem

Meeresboden erinnern mich, dass ich einfach nicht in meinem Element bin. Die Krumme Lanke war der Lieblingsbadesee meiner West-Berliner Studentenzeit. Selbstverständlich badeten wir nackt. Mit Grauen musste ich eines schönen Sommertages zusehen, wie ein Angler einen riesigen Wels mit einem mindestens zwanzig Zentimeter breiten Riesenmaul aus dem Wasser zog. Grundfisch hin, Grundfisch her, gar nicht auszudenken, wenn der ... Die Gefahr aus der Tiefe erschreckt und fasziniert mich seit jeher.

Der Morgen im Strandkorb, ein Picknick. Es ist warm, die Wolken hängen wieder bis zur Erde, die Wettervorhersage sprach von einem sommerlichen Sonnentag. Ein herrlicher, trüber, unwirklicher Morgen, surreal, hunderte Strandkörbe stehen am frühen Morgen leer, der Strand und das Meer sind ruhig, ich habe das alles für mich allein. Kaum ist das Frühstück verdrückt, und ich sitze auf meinem Motorrad, geht es wieder los. Auch an der Ostsee regnet es. Und nicht zu knapp. Warme Luft, mild auch im September, trotzdem bin ich patschnass, kaum dass ich losgefahren bin zu meinen Haien. Es nervt.

Am Nachmittag ein neuer Versuch, bis Fehmarn durchzukommen. Fehmarn ist eine kommerzialisierte Ferieninsel in der Ostsee, doch die Inselhauptstadt Burg auf Fehmarn hat sich ihren Charme bewahren können, diesen speziellen Charme der Nachsaison. Die Appartementburgen liegen außerhalb. Surfer an den Küsten, der Wind weht heftig. Das Meereszentrum auf Fehmarn ist eine der größten Aquarienanlagen in Europa. Vier Millionen Liter Wasser, tausende

Meerestiere, lebende Korallengärten, ein Glastunnel durchs Aquarium und fünfzehn Großhaie. Ja, die meine ich, wenn ich auf der Luftmatratze zucke, weil ich etwas Dunkles unter mir sehe. Genau denen möchte ich nicht begegnen. Ein Blick in dieses Maul, und du weißt, du hast keine Chance. Blitzlichtverbot, und die wollen einfach nicht ausreichend lange stillhalten.

Christian, der mich mit seinem Sohn schon in Görlitz cabrioletchauffierte, lädt mich für morgen in ein Gutshaus in Stellshagen zum Mittagessen ein. Ich zögere nur pro forma. Abends genieße ich den milden Wind, meine Hai-Fotos sind gar nicht so schlecht, der Ausblick von der Terrasse der Herberge auf die Ostsee mit den weißen Schiffen, den Möwen und dem blauen Himmel ist berauschend. Wieder mal bin ich selig, unterwegs zu sein. Immer noch, nach nun fast drei Monaten. Die Herbergen in Beckerwitz, Rostock, Rügen, Ueckermünde sind gebucht. Der letzte Tag steht ab heute fest. Die 100 Tage mache ich voll.

Dahme – Wismar

Indian Summer an der Ostsee

Viel zu lange geschlafen. Und dann viel zu lange das Meer bestaunt. Das wird knapp mit dem Mittagessen. Das Wetter wird besser, kein Regen oder Sturm mehr, im Gegenteil: Indian Summer an der Ostsee. Die Farben der Wälder bekommen langsam einen hellen Braunton, das Grün wird blasser. Erste Blätter fallen. Zügig fahre ich die malerische Strecke über Eutin, Timmendorfer Strand, Niendorf an der Ostsee über Travemünde, die Fähre nach Ostdeutschland.

In Timmendorfer Strand nehme ich als zweites Frühstück nur Cappuccino, schaue mir das eitle Treiben dieses Strandortes an. Irgendwie sagt mir das alles nichts. Ich bin inzwischen ziemlich ausgewildert, eigenbrötlerisch geworden, kann größere Menschenmengen nicht mehr ertragen. Diese Sportwagen der oberen Mittelklasse, fast schon unteren Oberklasse mit den sonnenbebrillten, braun gebrannten Fahrern und ihren Blondinen. Teure Boutiquen, Schmuck. Ich selber sehe eher abgerissen aus, angeschmuddelt, die Stiefel sind mit Klebeband repariert. Selbst Niendorf, diesen Ort mag ich seit Jahren sehr gerne, selbst Niendorf sagt mir nichts mehr, ist mir fremd geworden.

Die Fähre setzt in fünf Minuten über in das ehemalige Gebiet der DDR. Ich bin baff, das hatte ich vergessen: Kein Verkehr abseits der Bundesstraßen, es ist Sonntagmittag, zwölf Uhr, und nichts los. Die Bevölkerungsdichte von Mecklenburg-Vorpommern ist ab der ersten Sekunde auffallend gering. Die Alleen, was anderes gibt es auf den kleinen Straßen gar nicht, sind verdorrt. Die Bäume haben den Sommer beendet, deren Blätter warten auf die Herbststürme. Ich entspanne, die Zeit reicht. Motorrad fahren ist wieder Motorrad gleiten geworden, und es macht mir Spaß. Über Grevesmühlen, Boltenhagen und Klütz fahre ich Richtung Stellshagen. Und staune über die Ruhe und Weite der Region, die hügeligen, geernteten Felder, riesengroß, überall. Herbst. Ortsdurchfahrten in Minuten, keine Farbe an den Häusern. Mir gefällt das, es passt zu meiner Endzeitstimmung.

Im Gutshaus Stellshagen bestelle ich Kaffee und warte auf Christian und seinen Sohn Johannes. Eine Ewigkeit scheint es her, als wir uns in Görlitz trafen. Wie letztes Jahr fühlt sich diese Erinnerung an. Die Regionen Mecklenburg und Brandenburg sind als meine Hausstrecke sehr erinnerungsbeladen, seit einem Jahr war ich hier nicht mehr und erlebe heute alles wie im Film. Alles fühlt sich ganz anders an.

Was für ein außergewöhnliches Hotel und Restaurant, dieses Gutshaus Stellshagen. Eine prächtige alte Villa, betrieben als ökologisch-vegetarisches Restaurant, die Hotelzimmer sind nach den Kriterien des Feng Shui eingerichtet. Ein therapeutisches Angebot zur Augenentspannung interessiert mich. Die Gäste sind angenehm, ich höre nicht nur Deutsch, sondern auch Englisch, Französisch, Italienisch. Völlig entspannte Atmosphäre, liebenswerter Service.

Christian ist bester Laune, Johannes quengelt rum, ihm ist langweilig. Ja, ich sehe müde aus, sagt Christian, kein Wunder. Wir essen mehrere Teller von dem leckeren und deftigen vegetarischen Buffet, fühlen uns wohl in der Wärme des Tages, der wie im Juni in Görlitz einfach so verplätschert. Christian und ich verstehen uns nach so vielen Jahren auch schweigend, eine Geste, ein Brummen, ein Augenrunzeln, ein Grinsen, ein Blick genügen. Fast unmerklich sprechen wir dieses Mal aber öfter über Vertriebsthemen, Werbedefizite bekannter Markenartikler, Medienstrategien. Ich höre zu und kommentiere, als wäre ich nie auf dieser Reise gewesen. Es interessiert mich wie ein Ruf aus einer fernen, vertrauten Welt. Komisch. Ich solle mich eine Woche ausschlafen, empfiehlt mir Christian beim Abschied.

Ich kann nicht widerstehen und frage im Gutshaus nach dieser Augenentspannung. Ob es vielleicht möglich wäre, ja, es ist Sonntag, aber trotzdem sei ich interessiert. Kurzes Telefonat, und da ist der Augentherapeut. Umziehen, entspannen, herrlich, was der da macht. Keine Augenschmerzen mehr, zum ersten Mal seit sechs Wochen.

Beckerwitz in der Wismarer Bucht ist um die Ecke, auch

hier nächtige ich schon seit Jahren. Ja, ein Einzelzimmer ist frei, bis zur Sandbucht an der Ostsee sind es fünf Minuten Fußweg. Und da sitze ich nun auf einmal am Strand, schaue aufs Meer, Möwen, ein paar Schwäne. Kein Mensch hier. Niemand. Ich bin, so weit das Auge reicht, allein. Ostdeutschland. Die Sonne fällt als glutroter Ball ins Wasser, mein Lagerfeuer prasselt und ich sacke in mich zusammen. In einer Woche ist meine Reise zu Ende. Unvorbereitet erfasst mich eine riesige Melancholie. Wie eine Welle spulen sich einzelne Erlebnisse vor meinem Auge ab, die heute alle bereits Geschichte und Vergangenheit sind. Eine große Trauer erfasst mich, die gar nicht wirklich tragisch ist, sondern eben einfach nur traurig. Das Kommen und Gehen des Sommers, das Kommen und Gehen von Menschen, Jahren, Augenblicken und eben langen Reisen.

Wismar – Rostock

Auf den Spuren der Hanse

Der gestrige Abend hängt mir am Morgen noch nach. Auf kleinsten Straßen schleiche ich leise weiter nach Wismar. Und sofort ist da wieder dieses Gefühl aus Görlitz: Fassade. Alles top renoviert, viele Tagestouristen staunen über die alten Segelschiffe im Hafen und über die Altstadt. Die kleinste Hansestadt mit weniger als 50.000 Einwohnern pflegt ihre Jahrhunderte andauernde schwedische Tradition mit dem zentral gelegenen Restaurant Alter Schwede. Die gotische Backsteinarchitektur ist ausgesprochen hübsch, der Brathering gut. Den Eindruck touristischer Fassade werde ich aber weder hier noch im Hafen los. Regionale Spezialitäten, regionale Sehenswürdigkeiten, aber keine Seele darin, alles wirkt gewollt und unglaubwürdig. Keine gelebte Stadtkultur, sondern nur Tourismus. Zitate, keine Originale. Ich würde es gerne anders empfinden, aber die ostdeutsche Ostseeküste wirkt in ihren Bemühungen um Authentizität nicht glaubwürdig. Das wahre Leben spielt sich hinter verschlossenen Fenstern, in und ums Auto und in Baumärkten ab.

Anders die vorgelagerte Insel Poel gleich um die Ecke. Lieblich in der Ostsee gelegen, ist Timmendorf auf Poel mit seinem Hafen einen Stopp, bei anderer Gelegenheit vielleicht sogar eine Übernachtung wert. Christel und Werner aus Böblingen sind mit ihren Motorrädern auf Deutschlandreise und lachen über das Klischee des norddeutschen Geradeausfahrens. Bei ihnen zu Hause seien die Motorradreifen in der Mitte noch fast unberührt, wenn sie am Rand schon abgefahren seien. Ich glaube ihnen aufs Wort. Unsere Geschäftsidee des nord-, süddeutschen Motorrad-Gebrauchtreifen-Tauschhandels bringen wir leider nicht zu Ende, es wird zu warm in der Motorradkleidung.

Die folgende Strecke über Blowatz und Pepelow nach Rerik verwöhnt mit kurviger Straßenführung durch Alleen und mit tollen Ausblicken auf die Ostsee. Der Tag fließt, die Sonne scheint spätsommerlich, leere, abgeerntete Felder. In einer Eisdiele an der Seebrücke von Rerik läuft im Hintergrund eine Live-Aufnahme von Eros Ramazotti, die Fans schreien sich ihre Begeisterung und Sehnsucht nach Amore aus der Seele. Ich genieße meine letzten Tage unterwegs und versuche jede Sekunde festzuhalten, bemerke und vernasche jedes Detail. Mücken stechen mich, getunte Kleinwagen beschleunigen laut, bumbumbum tönt aus ihren Fenstern. Ein dickes Touristenpaar isst Pasta mit Käse-Sahne-Soße und Tiramisu zu Mittag und redet die ganze Zeit kein Wort miteinander. Kennen die noch Begeisterung und Sehnsucht?

Kühlungsborn mit seiner Seebrücke ist im September eine Hochburg der Senioren. Wie überhaupt an der Ostsee noch Hochsaison zu sein scheint. Gab es ganz in der Nähe nicht den Eklat um die Hotelkette Kempinski, die in Heiligendamm – ebenfalls mit eigener Seebrücke – ein Stück Strand oder eine Straße oder sonst was absperrte, um die eigene Klientel vom öffentlichen Strandleben abzuschirmen? Das interessiert mich, also ab ins Kempinski Grand Hotel Heiligendamm.

Tatsächlich: Abgesperrt, Zutritt nur für Hotelgäste. Wie an der Schranke vorbei? Frechheit siegt in solchen Fällen: Buchautor, Nobelpreis womöglich, bekannt aus Film und Fernsehen, wie, haben Sie nicht gelesen? Und schon werde ich herzlich gebeten einzutreten. Vor der Tür steht nur Zwölfzylindriges. Ein junger Kerl mit seiner Harley fährt vor, wir lachen über unsere so verschiedenen Motorräder. Karl ist hier Gast, es ist schön hier, tolle Küche, interessante und entspannte Leute, gute Gespräche, sagt er. Ich bin beeindruckt. Ein ganz normaler Kerl, der sich diesen Schuppen offensichtlich leisten kann. Ein Grand Hotel. Respekt.

Kurz geschluckt, wieder umstellen auf frech, und rein in die Bude. Die Damen an der Rezeption sind erschrocken. Buch? Fotos? Zeitschriften womöglich? Nein, da müssten sie passen, könnten nichts sagen, die Pressechefin komme aber sofort. Frauke Müller ist eine professionelle und charmante Leiterin der Öffentlichkeitsarbeit. Mit dem Motorrad? Rund um Deutschland? Schon drei Monate? »Sie Armer.« Sie zeigt mir die Architektur des Riesengebäudekomplexes, alles nobel und vom Feinsten arrangiert, freie Blickachsen, großzügig und geschmackvoll. Sie nimmt sich richtig Zeit, wir plaudern, seit wenigen Monaten erst sei sie hier, vorher im Berliner Adlon, ins Ausland würde sie gerne gehen für Kempinski, aber jetzt sei sie glücklich, hier sein zu dürfen. Nein, gesperrt wurde hier gar nichts, nur eben das Hotelgelände, und das sei ja wohl selbstverständlich. Das ist alles? Ja, das ist alles. Der Engländer nennt so etwas »Storm in a Tea Cup«.

So sehr ich mich anschließend bemühe, auch nur eine einzige wüste Beschimpfung aus den Passanten am nahe gelegenen Strand herauszukitzeln, da kommt nichts. Die finden alle dieses wunderschöne Hotel toll. Einer sagt: »Wenn ich mir so einen Bentley leisten kann, will ich ja auch nicht dauernd die draufgequetschten Fettnasen wegputzen müssen.«

Meine heutige Herberge ist aber auch nicht ohne: Rostock-Warnemünde. Das zehnstöckige, moderne Gebäude direkt am Ostseestrand sieht wie ein Leuchtturm aus. Der Deutsche Wetterdienst DWD hat in den oberen Stockwerken eine Beobachtungsstation. Das Motorrad steht videoüberwacht und mit bewegungsausgelöster Beleuchtung direkt vor der Herberge.

Erstmals seit Görlitz bin ich nicht allein in meinem ansonsten sehr komfortablen Zimmer. Volker ist Ergotherapeut aus Schleswig-Holstein, er ist mit dem Fahrrad hier und geht in sich, ist ausgebrannt, wie er sagt. Seine Praxis läuft nicht besonders, er wird sie schließen müssen. Wir gehen am Strand spazieren, wir lachen viel, schlagen Mücken tot. Das Zentrum von Warnemünde ist über den Strand in wenigen Minuten Fußweg zu erreichen. Ich freue mich auf morgen, ich werde mit dem Schiff die Warnow entlang nach Rostock fahren. Inzwischen ist es bereits ab acht Uhr wieder dunkel. Morgenkaffee und los zum Schiff über die Warnow. Der frühe Weg mit nackten Füßen am Strand erfrischt, schlechter Schlaf. Volker hat geschnarcht. Warme zwanzig Grad, dunkle Wolken, keine Sonne. Gar keine. Das Frühstück habe ich aus der Herberge mitgenommen, ich kaue die Brötchen am Strand, die Strandcafés sind noch geschlossen. Die schwermütige Heiterkeit der Nachsaison. Fast keine Leute am Wasser, einzelne Schulklassen, Rentner. Überall Rentner.

Fritz auch. Fritz hat einen Metalldetektor, mit dem er den Strand nach Metall, Münzen oder Schmuck absucht. Fünfhundert Euro kostet so ein Gerät, nach zehn Tagen hat man bereits den Einsatz wieder raus. Kostbare Uhren und einen Diamantring hat er so gefunden. Müsste man die nicht zurückgeben, eigentlich? Er grinst: »Ja, eigentlich.« Ihm macht es Spaß so, immer an der Luft, wir leben hier doch alle von den Touristen, sagt er.

Stimmt, Rostock mit seinen 200.000 Einwohnern zählt 1,2 Millionen Übernachtungen pro Jahr, zuzüglich Tagestouristen. Die werden vermutlich zu 90 Prozent im Seebad Rostock-Warnemünde abgefertigt. Ein Gedränge, selbst im späten September. Fischbude an Fischbude, Rentner an Rentner, rammelvoll. Realsatire. Aus der Eisdiele tönt wieder so ein Amore-Gesülze, Vicky Leandros trällert »Ich liebe das Leben« am Fischbrötchenstand, Freddy Quinn kontert von irgendwoher mit »Junge, komm bald wieder«. Alles auf einmal. Warnemünde zählt etwas über 6.000 Einwohner, und »... det wir zu Rostock zujehören, det finden hier ja nich alle jut«, erklärt mir eine Dame des örtlichen Einzelhandels. »Wir verdienen hier, und die geben det wieder aus. Det is doch nich jerecht, aber schreibense det nich ...«

Ab auf das Schiff nach Rostock. Der Himmel ist immer noch pechschwarz, kein Fotolicht. Die MS Mecklenburg legt fahrplanmäßig ab, die Warnow ist nicht zu breit, man wird praktisch durch Rostock gefahren. Riesige Fähren nach Skandinavien kommen entgegen, Rostock ist einer der größten Fährhäfen in das Baltikum, Frachter mit industriellen Verbrauchsgütern, Militär. Mit einer Arbeitslosenquote von knapp unter neunzehn Prozent steht die Stadt deutlich besser da als beispielsweise Berlin.

All das erfährt man auf dem Deck des Touristenschiffes, der Kapitän hat gute Laune, erklärt Grundstückspreise, Produktionskapazitäten und Auslastungen der regionalen Werften, flachst rum über ausrangierte Küstenschutzschiffe: »Erst jehörte det noch Adolf, dann Walter, Erich hat det och jehabt, dann kam Helmut, Gerhard macht ja nu in Gas, und die Angie war auch schon da.« Er erzählt von Kormoranen, die alle Fische wegfressen, das störe ja nun wirklich jeden, außer den Grünen. Auch das leistungsstarke Kraftwerk, viele Arbeitsplätze, finden alle toll, außer den Grünen. Und die Windkraftanlagen, die hier produziert, erprobt und exportiert werden, schaffen auch Arbeitsplätze, das findet er gut und komischerweise auch die Grünen. »Da muss ich dann wohl noch mal drüber nachdenken. Backbord sehen Sie ...« Wie im Kino.

Eines der festliegenden Schiffe im Rostocker Hafen ist eine Schenkung der Kelly-Family, ein anderes Schiff, die

Georg Büchner, ist eine Jugendherberge. Bei der ich vor einer Woche viel Geld in der telefonischen Warteschleife ließ, ohne jemanden zu erreichen.

Rostock kenne ich aus meiner Zeit bei der Ostsee-Zeitung noch recht gut. Die imposanten Kirchen sowie die obligatorische Einkaufsstraße lasse ich liegen zugunsten eines Kaffees in der Kröpeliner-Tor-Vorstadt. Ein angenehmes Viertel mit jungem Leben auf den Straßen, vielen Cafés und richtigen Einzelhandelsgeschäften, nicht nur den Filialisten.

Ines aus Hamburg studiert hier, sie fährt eine neue Honda CBF 600 mit ABS. »Nur geil«, sagt sie. Nicht so schwer, superschnell, bremst wie Wahnsinn. Richtigen Durchzug, also Beschleunigen ohne Runterschalten, kennt sie gar nicht. Das geht nur mit schweren Motorrädern, und schwere Motorräder seien ihr einfach zu schwer. An so 'ne dicke Kiste würde sie sich gar nicht rantrauen, »die kriege ich ja noch nicht mal aufgebockt.« Ihre Mutter wollte immer Motorrad fahren, das hat sich aber nie ergeben, jetzt hat sie ihr dieses Motorrad geschenkt und will immer, dass sie mit ihr eine Tour macht, wenn sie mit der Honda in Hamburg ist. Ines fährt jetzt meist mit dem Zug nach Hause. »Weisste, issn Problem, wenn die Sozia die eigene Mutter ist und alles besser weiß und dann noch schwerer ist als ich.«

Der Himmel wird immer schwärzer, ich fahre lieber mit dem Schiff nach Warnemünde zurück, habe kein gutes Gefühl. Um vier Uhr am Nachmittag geht auf dem Rückweg am Strand die Sonne auf. Die Tagesfotos sind alle zu dunkel, ich bin von Mücken zerstochen, es war ein schöner Tag. Nach dem Abendessen beginnt der Regen.

Rostock – Rügen

Kraft durch Freude

Die Fähre ab Warnemünde Richtung Markgrafenheide braucht gerade fünf Minuten. Ein sonniger Tag. Seebrücke an Seebrücke reiht sich in den folgenden Orten, ausnahmslos »staatlich anerkannt« als Seebad oder Erholungsort.

Graal-Müritz empfängt mich verhalten. An der Graaler Seebrücke werde ich nach zwei Minuten von der Kiosk-Besitzerin angesprochen, dass ich hier nicht parken dürfe. Ein weiterer Senior beschimpft mich, was ich hier zu suchen hätte. Kein Foto gelingt, marodierende Seniorenhorden haben alles fest im Griff, stehen immer im Weg. Dann kommt die örtliche Aufsicht, ebenfalls eine rüstige Seniorin, fotografiert mein Nummernschild und das Delikt des unangemessenen Parkens. Wie ich denn ohne Motorrad eine Motorrad-Seebrücken-Fotoreportage machen soll, kann sie auch nicht beantworten, sie habe ihre Vorschriften. Dass ich den Ruhm des Strandbades mehren würde, sei ebenfalls nicht ihr Zuständigkeitsbereich. Eine andere rüstige Passantin kann ich gewinnen, Fürsprache für mich gegenüber der Obrigkeit zu halten. Na gut, lenkt die Obrigkeit ein, den Kaffee austrinken, aber dann ... und bitte schieben.

Weiter entlang der Ostseeküste. Neuhaus hat geschlossen, alles Baustelle. Auf Fischland, so heißt die Region zwischen Neuhaus und Ahrenshoop, entschädigt Wustrow. Die Seebrücke sieht aus wie die anderen auch, doch die Atmosphäre ist entspannter, zwar auch alles Rentner, das Durchschnittsalter aber etwa zehn Jahre niedriger. Natürlich bin ich ungerecht. Wer, außer Rentnern im wohl verdienten Ruhestand, hat außerhalb der klassischen Ferienzeiten schon Gelegenheit, in Seebädern herumzulungern? Aber müssen die denn so verschnupft und kleingeistig sein?

Das Hotel Moby Dick, direkt an der Brücke, hat eine super Aussicht, kostet nicht wenig, aber ich werde bestimmt irgendwann eine Nacht dort verbringen. Zum ersten Mal in diesem Jahr gehe ich eine Seebrücke bis ans Ende durch, bin allein, der Wind weht auf der offenen See heftig, ein Motorradfahrer aus Schweden kommt mir entgegen, ihm sei es zu kalt. Tatsächlich, der kräftige Wind direkt über dem Meer fegt mir fast die Brötchen aus der Hand, ich schmolle noch etwas wegen der blöden Situation in Graal, der Wind pustet mir schließlich ein Lächeln ins Gesicht. Geht doch. Dass mir auch die Mittagssonne ins Gesicht scheint, merke ich nicht, ich bin zweihundert Meter vom Strand entfernt in der See, und da ist es nun mal frisch.

Fischland konnte durch Wustrow also gerade noch punkten. Die folgenden Born am Darß, Wieck am Darß,

Prerow und Zingst sind teilweise durchaus hübsch, aber ein touristischer Overkill. Selbst im späteren September noch derart überlaufen. Fünfundneunzig Prozent Gäste höheren Alters, vier Prozent Familien mit noch nicht schulpflichtigen Kindern, ein Prozent Verirrte wie mich. Eingerahmt von der Ostsee auf der Westseite und auf der anderen Seite vom Bodden, das durch Fischland Darß-Zingst eingeschlossene Flachwasser, zieht diese Region im Hochsommer vermutlich Heerscharen an. Nichts für mich, vielleicht im Winter. Über endlose vertrocknete, teilweise schon vom Wind gerupfte Alleen geht es ab Barth nach Niepars, Richtung Stralsund. Gäbe es diese wunderbare Herberge in der alten Stadtmauer von Stralsund noch, würde ich eine Nacht dort bleiben. So was von herrlich knarrenden Dielen und windschiefen Fenstern, Turnhallengeruch und Bohnerwachsduft. Schade.

Jetzt geht's nach Rügen rüber. Die neue Brücke ist fast fertig, das Gedränge von und auf die Insel wird mit diesem Riesending bald ein Ende haben. Ich mogele mich durch, die B 96 ist ätzend. Die erste Abfahrt nach rechts Richtung Garz/Rügen runter, und man versteht, was es mit den sagenumwobenen Alleen auf Rügen auf sich hat. Über Puttbus bis Binz kommt kaum mal die Sonne durch, die Baumkronen sind komplett geschlossen, die Sommersonne und der Herbstwind haben dieses dichte Blätterdach bisher nicht schädigen können. Die grobe Pflasterung erfordert teilweise Enduroqualitäten, nichts für straffe Straßenmotorräder. Ich hopple mich so durch bis in die Hauptstraße von Binz. Cappuccino, Crêpes und Leute und Seebrücke gucken. Ich bin etwas müde nach dem langen Tag und habe sogar keine Lust mehr, irgendwem blöde Fragen zu stellen. Die kurioserweise geöffnete Touristen-Information reizt mich ebenfalls nicht, vermutlich deswegen. Es ist Zeit zu gehen.

In der Herberge in Sellin werde ich herzlich empfangen, die haben schon auf mich gewartet mit dem Abendessen. Ich habe ein tolles großes Zimmer nach Westen, den entsprechenden Sonnenuntergang und danke denen, die mit mir zu sein scheinen, für diesen ereignisreichen Tag.

Ein neuer Tag auf der Suche nach dem Leben. Werner aus Cuxhaven schläft auch in der Herberge, er fährt, seit er Rentner ist, eine BMW R 100 RT. Ein Motorrad hat er sich immer gewünscht, jetzt hat man ja Zeit. Nee, an den Königstuhl und die Victoria-Sicht soll ich nicht fahren. »Abzocke überall, erst zahlst du für den Parkplatz, musste mit dem Bus fahren und die Klamotten mitschleppen, dann noch mal Eintritt, um die Kalkfelsen zu sehen. Und dann ist alles abgesperrt. Bei Kap Arkona dasselbe. Durchfahrt verboten, da musste laufen oder mit so nem Opatransporter fahren.« Opatransporter, sagt Werner. Er ist Siebenundsiebzig.

Frühstück an der Seebrücke in Sellin, Rentner, Alleen. Auf Rügen gibt es außerhalb der Bundesstraße nichts als Alleen mit teilweise abenteuerlichem Straßenbelag. Vorbei an dem wunderschönen Schlosshotel Ralswiek. Ungern erinnere ich mich an einen weihnachtlichen Aufenthalt mit schlechtem Service und noch schlechterem Essen.

Bei Boddin, empfahl mir Werner, gebe es eine tolle Aussicht auf den Großen Jasmunder Bodden. Er hatte recht. Über Altenkirchen nach Kap Arkona. Wieder alles voller Rentner, mittendrin in der Tourismusfalle, alles abgesperrt.

Ich lerne Monika kennen. Sie humpelt stark, ein Gehstock. Vor dreizehn Jahren ein schwerer Autounfall, die Beine gelähmt, die Nerven durchtrennt, etliche Operationen. Seit sie vor sieben Jahren aus der Obhut der Ärzte floh und einen spirituellen Weg einschlug, mit Meditation begann, besserte sich ihr Zustand spürbar. Hätte sie mir erzählt, sie wäre vor einer Woche von der Leiter gefallen, hätte ich ihr geglaubt. Die hübsche Frau zeigt kein Wesensmerkmal einer schweren Behinderung. Ich empfehle ihr Literatur von Clemens Kuby, der ebenfalls seine Schwerbehinderung autogen heilte und Beeindruckendes darüber schrieb. Sie kennt Kuby nicht und bedankt sich für meinen Rat. Wir reden weiter über unsere Bücher und lachen, als wir feststellen, dass »Gespräche mit Gott« auch eines ihrer Lieblingsbücher ist. Wir sind uns ähnlich und tauschen unsere Karten aus. Ich bin sicher, wir werden wieder voneinander hören.

Kap Arkona geht ansonsten unbemerkt an mir vorüber, ich war schon oft hier. Die Klippen fallen steil ab, alles ist abgesperrt. Vor zehn Jahren war der Platz noch okay, vor fünf Jahren schon gruselig, jetzt indiskutabel. Zumindest in Motorradkleidung. Rügen nervt mich inzwischen ein bisschen. Vielleicht weil ich keine guten Erinnerungen habe, sicher, weil mir der Tourismusrummel fürchterlich auf die Nerven geht. Die Dampflok Rasender Roland ist eine Attraktion, die Kreidefelsen sind eine Attraktion, die Alleen sind eine Attraktion, die Strandpromenade in Binz ist eine Attraktion. Ich finde das alles langweilig.

Prora. Klemens Klotz entwarf 1935 zur Zeit der Nationalsozialisten das größte Strandbad der Welt. 20.000 Gäste sollten gleichzeitig untergebracht werden können, viele Hunderttausende pro Jahr. Kilometerlang ziehen sich die Reste der Anlage noch heute. Der Ausspruch »Klotzen, nicht kleckern« wird verständlich. Ein Mega-Wellness-Center für die Werktätigen des Dritten Reiches, KdF »Kraft durch Freude« genannt. Das Museum des KdF ist noch geschlossen, ich setze mich durch, die junge Frau lässt mich rein, schließt wieder ab. Ich erläutere, dass ich Spuren des Glaubens an die Omnipotenz des Deutschtums suche, dieser verhängnisvollen Melange von Naivität und Kraft. Sie rät mir, im Norden des Komplexes die Wärter zu bezirzen, irgendwie die Absperrung zu durchfahren, nach rechts in den Schotterweg, zu den Ruinen. Ich danke und spüre, dass ich richtig bin.

Überall auf Rügen drängen sich Touristen. Weil Kaspar David Friedrich mal einen Felsen malte, stehen jetzt überall Imbissbuden. Hier, wo die wirkliche Geschichte unseres Landes liegt, ist kein Mensch. Niemand. Gigantisch. Kilometer um Kilometer setzten sich die grauen sechsstöckigen Blöcke entlang des Ostseestrandes zusammen. Dreieinhalb Kilometer sind davon geblieben. Es ist still, die Vögel zwitschern, die Ostsee rauscht, die Sonne scheint. Ein perfekter Urlaubstag könnte so sein, Kraft durch Freude. Ich konzentriere mich, meditiere. Das unendlich scheinende Bauwerk im Grau der vielen vergangenen Jahre bewegt mich tief. »Lebensgefahr! Abstürzende Bauteile! Vom Gebäude fernhalten!« steht auf einem Schild. Ich stelle mir Prora zu Lebzeiten vor, höre Kinder kreischen, sehe Jungen Fußball spielen, Mütter rufen, Väter mahnen, alle baden, alle sind froh und glücklich. Bunt und grün und sonnig und warm.

Der Gebäudekomplex, dann eine Wiese, ein Wäldchen, die Ostsee. Perfekt. Stolz war, wer hier urlaubte. Die Sonderabschreibungsvillenarchitektur der 90er-Jahre in Binz, vor mir die Reste der Premiumimmobilien der 30er-Jahre. Pures Deutschland in seinem Größenwahn. Wer in diesen Dimensionen dachte, war zu allem fähig. Das hier ist keine Fassade, hier sagt niemand, es sei eine regionale Spezialität. Das hier ist Wahrheit. Die Gebäude der Prora und der Strand sind sonnendurchflutet. Ein Blatt fällt. Kraft durch Freude. Was für ein Land.

Berührt von deutscher Geschichte schleiche ich zurück nach Sellin. Die Seebrücke ist nachts erleuchtet, ein Straßenmusiker spielt auf einem Keyboard mit Rhythmusmaschine leise die zu romantischen Anlässen üblichen Melodien. Ich bin gerührt von dieser Unbeholfenheit, der Augenblick wird ganz offensichtlich gestört und entwertet durch dieses Elektronikgedudel, aber das ist nun mal regionaler Charme. Ich gebe einen Euro, er bedankt sich. Früh geht es zu Bett, für morgen habe ich mir Seebäder en masse vorgenommen.

Rügen – Ueckermünde

Wernher von Braun und die V 2

Alleen was das Zeug hält auf dem Weg von Sellin über Puttbus nach Glewitz. Die gruselige B 96 will ich heute meiden, die Fähre von Glewitz auf Rügen nach Stahlbrode kostet Kleingeld, spart Zeit, Nerven und zaubert bei schönstem Spätsommerwetter ein Lächeln ins Gesicht. Ein älterer Herr – »dolle Maschine. Ich hatte früher eine ...« – überschüttet mich mit Tipps und mahnt mich, unbedingt den Umweg über Peenemünde zum Raketentestgelände der V 2 von Wernher von Braun zu fahren. Ein wichtiger Tipp, aber ich habe so ein komisches Gefühl.

Auf der Insel Usedom angekommen gleich nach links über Karlshagen nach Peenemünde. Die vielen Busse und die vorhandene Gastronomie machen mich stutzig, ich denke an Prora und daran, dass Erinnerung still und leise ist. Tatsächlich finde ich ein eher technikinteressiertes Publikum vor, stolz besinnt man sich der Pioniertaten deutscher Forschung. Tragisch im Ausgang zwar, aber enorm, was damals schon möglich war, weltweit führend. Die Sache schmeckt schal, ich esse meine Brote im Schatten, meide den Kontakt. Eine alte Dame setzt sich zu mir. Sie will wie ich nicht in die Ausstellung, ihre Kinder seien mit den Enkeln drin, die Jungs interessieren sich für Raketen und so. Sie wolle da nicht rein. Warum? Ach, das sei so lange her. Sie war verlobt im Krieg, August hieß er, sie wollten heiraten. »Wir haben uns geliebt«, sagt die alte Frau. Er ist nicht mehr zurückgekommen, sie hat jahrelang gewartet. Doch August kam nicht. Sie hat nie mehr von ihm gehört. Deswegen mag sie solche Kriegsausstellungen nicht, sagt sie.

Weiter geht es, Seebäder, Seebrücken ohne Ende. Zinnowitz, Koserow und die so genannten Kaiserbäder auf Usedom: Bansin, Heringsdorf und Ahlbeck. Fast zweieinhalb Millionen Übernachtungen pro Jahr zuzüglich der Privatunterkünfte und Tagestouristen. Braun gebrannte Rentner in Heerscharen, im September sei hier mehr los als im Juni. Die Seebäder sind wie Fallen: Einmal drin, kommt man durch dieses Gewirr von Einbahnstraßen und Sackgassen kaum wieder heraus. Verzweifelt frage ich ein Paar in Motorradkleidung, ob sie wüssten, wie man hier rauskomme? »Nee, wir haben irgendwann genervt die Maschine abgestellt und uns ein Zimmer genommen.« Höchster Hochsommerbetrieb.

Von Jürgen Grieschat aus Hamburg bekam ich den Tipp, einen der größten Kriegsopferfriedhöfe Deutschlands zu besuchen: Golm bei Kamminke, wenige Kilometer von

Usedom entfernt. Leise fahre ich die sonnige und kurvige Holperstrecke. Typisch für die ostdeutsche Küstenregion: Wenn man den Rummel an der See hinter sich lässt, ist man wieder fast allein auf der Welt. Ich bin weit weg, fast zehn Kilometer, von den Kuchen, Torten und Kaffeegedecken der Kaiserbäder und tatsächlich ganz allein.

Am 12. März 1945 war Swinemünde überfüllt. Flüchtlinge aus dem Osten, Kranke, Verletzte, die auf den Transport nach Westen hofften. Soldaten, die immer noch Richtung Osten geschickt wurden. Die Amerikaner bombardierten zur Mittagszeit mit fast siebenhundert Flugzeugen. Die Stadt starb schreiend in wenigen Stunden. Wegen der Seuchengefahr, der nachrückenden Flüchtlinge sowie der nahen Ostfront wurden die Kadaver von Mensch und Tier in den Bombentrichtern zugeschüttet. Keine Zeit zu identifizieren, zu bestatten, zu trauern. Auf dem ursprünglichen Erholungsgebiet Golm wurden 23.000 Menschen verscharrt. Keine einzelnen Gräber, sondern eine weitläufige Rasenfläche mit versprenkelten Kreuzen blieb.

»Dass nie eine Mutter mehr ihren Sohn beweint«, steht in großen Lettern aus Bronze in der Gedenkstätte. Nur dieser eine Satz. Ich denke an August, der nicht zurückkam und seine hoffende Liebste, die irgendwann aufhörte, zu hoffen. Und an die Mütter, die um ihre Söhne weinen. Benommen gehe ich zum Aussichtspunkt oben auf dem Golm mit weitem Blick auf das nur einen Fußweg entfernte, heute polnische Swinemünde. Eine schöne Aussicht, strahlende Sonne, eine hell leuchtende Stadt. Ich kann das alles nicht mehr fassen, es ist zu viel. Ich sitze da, schaue auf Swinemünde, bitte leise um Verzeihung und weine stille Tränen um die Toten und für deren Mütter.

Weiter. Die Agentur für Arbeit ist in jedem Ort prominent ausgeschildert, Wahlwerbung der NPD plakatiert. Am Abend treffe ich nach heute dreihundert Kilometern sturer Geradeausfahrt in meiner Unterkunft ein. Mani und Alex sind mit dem Fahrrad in der Herberge Ueckermünde. Studenten aus Berlin. Wir sitzen bei einem Bier im Garten der Herberge. Frau Schmidt, die Chefin, zeigt uns, wo das kalte Bier steht und wo wir die Striche machen müssen wegen der Abrechnung morgen. Es werden viele Striche. Ueckermünde ist am Ende der deutschen Welt, in allem das komplette Gegenteil von Baden-Baden. Verarmt, ohne Perspektive, entvölkert, leer. Mani, Alex und ich bestaunen den Nachthimmel. Selten ist er so voller Sterne, so klar, warum da kein Mond zu sehen ist, können wir uns nicht erklären und nehmen dieses Geheimnis mit in den Schlaf. Ich habe ein wunderschönes Zimmer, gehobener Hotelstandard, eigenes Bad, Strom und Licht am Bett. Direkt an der Hauptstraße gelegen, ist es trotzdem still, hier leben kaum noch Menschen.

Mein 99. Reisetag wird verkatert am Strand des Stettiner Haff, wenige Meter Fußweg entfernt, verbracht. Mein letzter Strandtag.

Ueckermünde – Buckow – Hamburg

100 Tage, 10.000 Kilometer

Eine zweihundert Kilometer lange Fahrt nur geradeaus. Völlig entvölkert, keine Autos, keine Menschen. Am Grenzübergang nach Polen bei Linken frage ich den polnischen Untergrenzer, ob ich Fotos machen dürfe. »Nix Foto, fragen Kollege bei Fenster.« Okay, einen Schritt weiter zum Obergrenzer: »Guten Tag, Janneck mein Name, ich mache eine Reportage über die Grenzen Deutschlands und würde auch gerne die polnischen Nachbarn ...« »Werbodden!« Das klingt wie ein Schlusswort. Trotzdem versuche ich noch einmal, die Dringlichkeit und Bemühung, alle Grenzen zu beschreiben, gerade im Prozess der europäischen Annäherung ... »Werbodden!« Dass es so etwas noch gibt, ist schon wieder bemerkenswert. Kein Legitimationsinteresse, keine Erklärung, kein Dialog, einfach so »Werbodden«. Also Objektive wechseln und mit dem Zoom von der deutschen Seite fotografieren.

Nach getaner Fotoarbeit suche ich mir ein Plätzchen im Wald zum zweiten Frühstück. Hier geht nichts mehr. Die Uckermark habe ich noch nie so trist und öde empfunden. Sogar die Bundesstraßen entlang der polnischen Grenze sind nicht asphaltiert, sondern kopfsteingepflastert. Storkow, Radekow, Rosow, Tantow. Keine Autos, keine Menschen, kein Leben. Das ist woanders. Ortsdurchfahrten fühlen sich an wie Tschernobyl einen Monat danach. Keine Menschenseele in den spärlichen Straßendörfern. Irgendwie tragisch in dieser hellen Spätsommersonne, die Kinderlachen, bellende Hunde und von Zaun zu Zaun schwätzende Nachbarn erfordert hätte. Dieses völlig Entvölkerte erschien mir oft so charmant, geradezu schön, die riesigen, leeren Agrarflächen, die Ruhe. Heute bin ich besorgt. Besorgt um eine Region Deutschlands, in der »Werbodden« und ein großes Nichts normal sind. Nirgendwo in ganz Deutschland habe ich dieses Nichts so empfunden. Noch nicht einmal mehr Wahlplakate der NPD. Nichts. Alle scheinen diese Region vergessen zu haben.

Ab Gartz an der Oder zählt der Reise-Kilometerzähler über 10.000. Und heute ist der 100. Reisetag. Feierlich fahre ich in Buckow ein. Die Stadt erwarte ich geschmückt anlässlich meiner Ankunft, der Bürgermeister spricht, irgendwas mit Ehrenbürgerschaft oder so, die Ortsfeuerwehr spielt einen Marsch, Bier-, Wurst- und Fischbuden sowie ein Kinderkarussell fände ich angemessen. Aber niemand interessiert sich für mich. Ich sitze allein in Buckow bei dem Italiener, bei dem ich schon vor hundert Tagen mit Chris aus Berlin saß. Auch das Wetter ist fast identisch.

Mein damals nagelneuer Hinterreifen ist vollkommen erledigt. Ich auch. Das Telefon streikt, ich kann meine Zieleinfahrt nicht feiern, nicht mitteilen. Im wunderschönen, aber abgelegenen Haus Tornow am See haben sie in der Nachsaison kaum noch Betrieb, heute Nachmittag ist niemand mehr da. Jetzt sitze ich allein gelassen am See und frage mich, ob das tatsächlich alles war. Ernüchtert sacke ich in mich zusammen, meine Grenzen sind erreicht, wenn nicht überschritten. Ich kann nicht mehr reden, nicht mehr zuhören, nicht mehr denken. Die erwartete Euphorie ist nicht ansatzweise da, nur Erschöpfung. Drei Jubiläen: 100 Tage, 10.000 Kilometer, Zieleinlauf. Und nur Müdigkeit.

Die Herberge in Buckow liegt an einer staubigen, aufgerissenen Straße, mit der schweren Honda komme ich kaum bis an das Gebäude. Henne, der Hausmeister, lacht mich an, ach was, müde, er wohne um die Ecke, fahre eine KTM und sie feierten gerade Geburtstag, ob ich nicht dazukommen wolle? Na gut, überredet. Direkt um die Ecke an einem wunderschönen kleinen See sitze ich bei Henne mit seinen Geburtstagsgästen am Lagerfeuer. Henne ist schon seit zwanzig Jahren Hausmeister, das ist seine Herberge, sein Leben, sagt er, er will gar nichts anderes machen als das, was er macht. Er sei zum Beispiel noch nie an der Nordsee gewesen, warum auch. Er findet alles in seinem Zuhause so schön, kein Grund, weiterzusuchen. Seine Herberge, seine Arbeit, die Ruhe, den Himmel, den See, das Kanufahren, das Motorradfahren im Gelände, die Grillwürstchen, das Bier, meine Reise, seine Frau. »Ja, ich bin ein glücklicher

Mann«, sagt er. Ich fühle meine Erschöpfung und beruhige mich. Ja, es ist schön hier, in meinem großen, wilden, weiten Land.

Geschlafen habe ich nicht ganz so gut, ich mache mir Sorgen wegen der langen Fahrt bis Hamburg und des völlig verschlissenen Hinterreifens. Das war leichtsinnig, mit der großen Honda einen Reifen über zehntausend Kilometer lang zu fahren. Der neue Pneu müsste bestellt werden, das würde Tage aufhalten, ich versuche es mit dem alten Schlappen.

Auf dem Rückweg über Eberswalde treffe ich Britt an der Bundesstraße 198, einer holperigen, kleinen, herrlichen Landstraße am Werbellinsee. Als ich vor drei Monaten ein Interview in der Märkischen Oder-Zeitung gab, hatte Britt mich angerufen, sie sei wassersportbegeistert, gebe Segelkurse, Motorbootkurse, Kanukurse, unterrichte alles, was mit Binnengewässern zu tun habe. Und eine monatelange Reise habe sie auch gemacht, mit Hund im Kanu. Das klang interessant.

Wir treffen uns in einem idyllischen Fischrestaurant am nördlichen Teil des Sees, Britt ist einunddreißig, eine schöne, sportliche Frau auf einer 125er-Hyosung. Ihr langer Zopf hat sich durch den Fahrtwind gelöst, egal. Sie erzählt von Booten, Kanus, Häfen, Liegeplätzen, Seen. Ich erzähle von meinem gestrigen »Werbodden«, sie kontert lachend mit abstrusen Geschichten über polnische Gewässer und polnische Wassergrenzer, sodass ich froh bin, nicht verhaftet worden zu sein. Irgendwie bin ich beruhigt, dass es diese

Lächerlichkeit und Pikiertheit des östlichen Grenztheaters noch gibt. Zur Öffnung der Berliner Mauer im November 1989 schrieb ich meine Diplomarbeit in West-Berlin, Britt war Teenager in der Nähe von Ost-Berlin. Wir strahlen uns an in der Erinnerung an diese Tage. Ich will wieder weiter, meine Erschöpfung und die Bedenken um das Reifenrisiko verhindern weiteres entspanntes Plaudern.

Meine Lieblingsherberge liegt in Milow und ist heute die aller-, aller-, allerletzte Station meiner Reise. Die Herberge Carl Bolle, einst Landvilla des gleichnamigen Berliner Handelsunternehmers, liegt idyllisch an den vielen kleinen Flüssen des Havellandes. Die Lagerfeuerstelle am Wasser, die tollen Sonnenuntergänge und den Nachthimmel mag ich besonders in Milow. Frau Krüger freut sich, lange nicht mehr dagewesen, geht's denn gut, was, rund um Deutschland, dann haste aber Hunger, ich mach schnell was warm. Ich fühle mich willkommen. Manuela sei auch da, sagt sie. Ich schlucke, der Bissen bleibt mir im Hals stecken. Manuela ist ihre Tochter. Eine von denen, bei denen ich nach dem Gespräch immer denke, was für einen Quatsch ich geredet habe. Manuela macht mich hochgradig nervös, schon seit Jahren. Und das weiß sie. Manuelas Sohn sei inzwischen ein Prachtbursche, ob sie die Herberge übernehme, würde sich zeigen, sagt Frau Krüger. Jetzt sei ihre Tochter gerade nicht da, aber vielleicht komme sie heute noch. Puuuh.

Satt vom leckeren Bohneneintopf gehe ich im Sonnenuntergang an den einsamen Kanuanlege- und Lagerplatz der Herberge. Der Sonnenuntergang ist erste Klasse, der Sternenhimmel hell und klar, ich bin allein auf der Welt. Hier leuchten keine Laternen, pechschwarze Nacht. Die Flammen und die Glut meines Lagerfeuers in der dunklen Nacht sind mystisch. Es geht mir gut. Ruhe. Ich sehe ein bisschen traurig den letzten Rest vom Sonnenuntergang am Horizont, versuche mich zu erinnern an Dinge, die gewesen sind, und schaffe es nicht mehr, bringe alles durcheinander. Ich bin wieder entspannt und zufrieden. Allein in den letzten Stunden traf ich Henne, den glücklichen Hausmeister, Britt, die fröhliche Wasserratte und jetzt die liebenswerte Frau Krüger. So viele gute Geister um mich. Versunken in meinen Nachthimmel erschrecke ich, etwas raschelt fast unhörbar hinter mir, ein Zweig knackt, »Hallo«, flüstert Manuela leise aus dem Dunklen.

Die Heimfahrt ist Routine, obwohl ich schnell nach Hamburg will, nehme ich statt der Autobahn lieber die B 195, wegen des Reifens. Falls der wirklich platzen sollte, dann besser auf der Landstraße. Kein Stopp, keine Pause, nur noch nach Hause. Alles geht gut. Ich sehe Hamburg als eine große, schöne, reiche Stadt. Mit Ebbe und Flut, gelegen an dem größten Fluss Deutschlands, der wenige Kilometer entfernt ins Meer mündet. Die Alster in der Innenstadt könnte überall sein, viele Städte sind an und um Seen gebaut. Die Strände der riesigen Elbe aber sind einzigartig. Alles ist vertraut, Altona, die Elbchaussee, die Villen. Ich bin zu Hause. Ich stehe noch eine Zeit ungläubig vor meinem Haus, an der Stelle, an der ich vor über hundert Tagen den Startknopf drückte, packe das Gepäck ab, ziehe mich um, es ist ein warmer Indian-Summer-Tag, fahre an die

Strandperle am Elbstrand, die Mutter aller Beach-Clubs in Deutschland. Alles ist wie immer. Ich trinke ein Bier, sehe verwundert die Menschen um mich herum. Entspannte Leute sitzen am Strand, lachen, trinken, flirten. Niemand achtet auf mich, warum auch? Ich bin einer von ihnen, einer wie sie. Alles ist normal, an diesem 26. September.

Das Drumherum

Motorrad/Reifen/Umbauten

Meine Honda CBR 1100 XX ist weder eine echte Bergziege à la KTM Duke, noch ein Racer à la Yamaha R 1, noch eine schottertaugliche Reiseenduro à la BMW GS oder gar ein komfortabler Reisedampfer à la Honda Gold Wing. Doch wie immer im Leben kommt es auf den besten Mix an. Sowohl in den Bergen kam ich mit der XX klar, die ganz engen Kehren waren eben schwierig und entsprechend verhalten zu fahren. Aber es ging ganz gut. Richtig schnell und mit dem Knie am Boden kann und will ich auch nicht. Ganz nah an den Tank gerutscht und ein weit geführter Blick sorgen nach einiger Übung für passable Geschwindigkeiten in weiten Kurvenradien. Auf lausigen Straßen wie teilweise in den neuen Bundesländern, Tschechien oder Polen hilft nur eine weiche Abstimmung des Fahrwerks, besonders der Gabel. Landstraßentempo über 70 km/h geht dann eben nicht mehr. Die unberührtesten und schönsten Landschaften sind nun mal in nahezu unbelebten, naturnahen Regionen zu finden. Und da gibt es keine perfekte Asphaltdecke.

Also hat die Honda XX nie wirklich perfekt gepasst. Immer wieder etwas zu hart oder etwas zu schwer oder etwas zu unkomfortabel. Aber große Sporttourer sind eben, wie der Name schon sagt, ein Kompromiss, und zwar ein guter. Das Drehmoment der großen Motoren ermöglicht stets entspanntes Gleiten, die Sitzposition ist dank des Vario-Bar von Gilles Tooling immer komfortabel, fahraktiv und vorderradorientiert. Die Leistung wird kaum zur Hälfte abgerufen, was der ohnehin hervorragenden Langlebigkeit zugute kommt. Einige Kilo weniger und ABS, und die XX wäre perfekt gewesen für diese Reise rund um Deutschland.

Selbstverständlich ist eine Griffheizung, mit der sogar durchnässte Sommerhandschuhe auch bei kühlen Temperaturen getragen werden können. Ein automatisches Kettenschmiersystem, wie bei mir der Scott-Oiler, lässt die Wartungsarbeiten an der Kette, ob Spannen oder Schmieren, schlicht vergessen. Als Gepäcksystem sind für eine so lange Reise abnehmbare Koffer und ein Topcase ideal. Die vorhandenen Koffer von Corbin sehen zwar unschlagbar gut aus, sind aber auch unschlagbar unpraktisch, weil fest am Fahrzeug montiert. Alles Gepäck zum täglichen Gebrauch kann also nur in dem extra stark haftenden Tankrucksack von Held und der wasserdichten Gepäckrolle untergebracht sein. Wo überraschenderweise der Laptop, von Kleidung gepolstert, die hundert Tage bestens überstand.

Was ich auch von den Reifen sagen muss. Ein Hinterreifen für ein großes und starkes Motorrad, der unter Ausnutzung der letzten Toleranz 10.000 Kilometer Landstraße hält, ist einfach bemerkenswert. Der Bridgestone BT 020 ist ein exzellenter Tourenreifen mit ausreichender Haftung und seit Jahren meine Hausmarke. Die Innovation BT 021 erwarte ich mit Spannung.

Bekleidung

Das Unwägbare an langen Reisen in Nordeuropa ist das Wetter. Alles ist möglich, alles muss eingeplant sein. Auch hier wieder eine Frage des Kompromisses: Lade ich mich mit allem voll, oder erwarte ich einfach keine Extremwerte? Kälte, Hitze, Regen, blendende Sonne. Alles kann sein.

Funktionsunterwäsche benötigt wenig Stauraum, ist sowohl in extremer Hitze bei über 40 Grad Pflicht und bei Kälte sowieso. Schweißabsorbierendes und -weiterleitendes Material wie Coolmax ist ein Muss, die Oberkleidung rutscht über den verschwitzten Körper ansonsten kaum noch rüber. Man glaubt es nicht, aber lange Unterhosen und Unterhemden aus Coolmax kühlen tatsächlich. Der Show-Effekt, sich nach dem Baden an einem sommerlichen Strand erst mit langen Unterhosen zu bekleiden, bevor man sich mit coolem Gesichtsausdruck in die Kombi zwängt, gibt einem die Aura des Unbeugsamen. Socken mit Verstärkungen im Bereich des Schalthebels sind ebenfalls sinnvoll. In tagelanger Kurvenfahrt scheuert weniger geschützte Haut durch, schmerzhafte Schaltvorgänge nerven auf die Dauer. Unterhandschuhe machen dünne Sommerhandschuhe auch an kühlen Tagen brauchbar, ersetzen aber kein zweites Paar Winterhandschuhe.

Stiefel müssen bequem, sicher, wasserfest und begrenzt auch wandertauglich sein. Tourenstiefel wie die Daytona Gore Tex sind teuer, aber ihr Geld wert. Handschuhe bevorzuge ich von Held, sowohl die Nähte als auch das dünne, griffsensible Känguru-Leder sind qualitativ führend, dies gilt auch für deren Wintermodelle.

Die Kombi ist Geschmacksache. Textilkombis sind im Tragekomfort jeder Lederbekleidung überlegen. Variabel in der Innenausstattung, wetterbeständig und auch bei längerem Aufenthalt ohne kühlenden Fahrtwind noch erträglich. Die Protektion in Schlag- und Schleifschutz ist trotz des relativ weiten Schnitts durch großflächige Protektoren ausreichend. Trotz all dem bevorzuge ich hochwertige Lederkombis wie diejenigen von Schwabenleder, idealerweise als zweiteilige Maßanfertigung. Während der Fahrt optimal passend, weil der Körperform entsprechend geschnitten und damit trotz oder sogar wegen der engen Passform sehr bequem. Die Protektoren sitzen genau da, wo sie auch schützen sollen und können durch den engen Schnitt nicht verrutschen. Schlag- und Schleifschutz sind noch unerreicht. Bei Regen und Kälte ergänzt eine zusätzliche, eng geschnittene Textil-Überjacke, meine ist von Rukka, die Lederkombi sinnvoll. Eine zusätzliche Regenkombi habe ich immer mit, aber noch nie rechtzeitig angezogen. Im Sommer im Stand und in der Sonne wird das Sicherheitsplus einer Lederkombi zu einem echten Mangel im Tragekomfort. Wie in der Dampfsauna fühlt es sich an, schweißnass kann die Kombi auch nicht weiter geöffnet werden, eine Erkältung im Hochsommer ist langwierig.

Ich lege besonderen Wert auf die Akustik eines Helms, der Schuberth S 1 gewann mit großem Abstand alle verfügbaren Vergleichstests. Der Sturzhelm muss gut und straff sitzen, darf nicht zu viel und nicht zu wenig belüften, muss leise sein und idealerweise eine Sonnenblende oder ein Verlaufvisier bieten. Klapphelm oder nicht bleibt wie die Textil-Lederfrage der eigenen Priorität überlassen. Eine lange Testfahrt muss sein, weil zunächst kleinere Unbequemlichkeiten wie Lärm, Zugluft und Druckstellen nach Stunden zur Hölle werden können. Geld spielt hier keine Rolle, jeder Kopf ist anders, der beste Helm, der sich für den eigenen Kopf finden lässt, ist gerade gut genug. In entsprechenden Foren im Internet kann man sich über die Dauerhaftigkeit der Produktqualität und des Kundenservice informieren, denn nicht jeder im Neuzustand »sehr gut« getestete Helm ist nach einigen Jahren noch der, den man sich einst zulegte. Für meine empfindlichen Augen hat sich die Dauerbelüftung des Schuberth S 1 als zu stark entpuppt, diese ist nicht individuell regelbar. Die Grundlüftung wurde aufgrund der Geschlossenheit des Helmes vom Hersteller für meine Augen zu stark gewählt. Zudem legte sich das, trotz ständig getragener Sturmhaube, immer wieder schweißnasse Innenfutter des S 1, wodurch weitere Zugluft entstand.

Benzin

Das dies ein Thema werden würde, habe ich nicht erwartet, weil das Zeug einfach selbstverständlich ist und alle Anbieter gleich zu sein scheinen. Dachte ich. Ich wurde aufmerksam auf das angeblich verbrauchsenkende Benzin von Shell. Wer ansonsten Normalbenzin tankt, der würde mit Shell Super 95 erheblich weniger Sprit verbrauchen und durch die reinigenden Additive auch die Langlebigkeit des Motors fördern. Und dies für nur zwei Cent mehr pro Liter. Wer's glaubt, dachte ich zunächst.

Nach der dritten aufeinander folgenden Tankfüllung brauchte ich zehn bis fünfzehn Prozent weniger Benzin als vorher. Ich fuhr denselben Fahrstil wie immer und verbrauchte, gemessen in vergleichbarem Terrain, eindeutig weniger. Mit einer Tankfüllung kam ich fünfzig Kilometer weiter und sparte so trotz des etwas teureren Benzins im Gesamtergebnis erheblich ein. Vom Komfort der höheren Reichweite ganz abgesehen.

Fotografie/Spiegelreflex-Kamera

Als fotografischer Neuling brauche ich die direkte Kontrollmöglichkeit der Aufnahmen. Also sind digitale Kameras wie meine Canon 350 D unumgänglich. Stativ und verschiedene Objektive (Weitwinkel, Normal und Zoom) und mehrere Speicherkarten sind selbstverständlich. Die Speicherkapazität beträgt auch bei höchster Auflösung mehrere hundert Fotos, die täglich auf ein anderes Speichermedium, wie den Laptop oder eine externe Festplatte, übertragen werden. Magnetische Empfindlichkeiten beim Transport im Tankrucksack gab es nicht. Serienmäßige Infrarot-Fernauslöser funktionieren praktisch nicht. Bei Reichweiten bis maximal zehn Meter sind keinerlei Fahrfotos möglich. Der Zeitauslöser ist hier keine Alternative.

Auch sollte man sich bewusst machen, welche enorme Disziplin zum Fotografieren bei einer solchen Reise gehört, da fast alle Motive und Situationen einmalig sind und nicht mehr nachgeholt werden können. Bei einer Fotoreportage muss sich das Reiseerlebnis immer den fotografischen Gegebenheiten unterordnen. Man muss bereit sein, trotz bestem Fahrwetter oder glühender Hitze oder strömendem Regen an fotografisch wertvollen Motiven zu feilschen und hierfür Zeit zu opfern. Die dann wiederum dem Erleben der Region und dem Unterwegssein fehlt. Fotografieren und »Knipsen« unterscheiden sich in Engagement und im Ergebnis fundamental.

Jugendherbergen

Mit 74.000 Betten in 542 Häusern (Stand 12/2006) sind die Jugendherbergen DJH der größte Anbieter von Logis und Kost in Deutschland. Man muss eines von zur Zeit 1,9 Millionen Mitgliedern im DJH werden, um die Leistungen des DJH in Anspruch nehmen zu können. Die Mitgliedschaft erstreckt sich ebenfalls auf weitere 340.000 Betten in 4.000 Häusern des International Youth Hostelling IYHF. Wer 27 Jahre und älter ist, gilt als »Senior« und zahlt einen Jahresbeitrag von 20 Euro für sich, inklusive aller unter gleicher Anschrift gemeldeten Familienmitglieder. Eine Übernachtung mit Vollpension kostet, je nach Qualitätskategorie der Herberge, für einen Senior etwa 20 bis 30 Euro. Die Qualität von Kost und Logis reicht von okay bis exzellent. Sogar ehemalige Köche aus Hamburger Szenerestaurants, denen familiär passendere Arbeitszeiten prioritär wurden, sind im DJH im Einsatz.

Als langjähriger Nutzer von Jugendherbergen mit einigen hundert Übernachtungen Erfahrung, muss ich sagen, dass Jugendherbergen nahezu ideal für Erlebnisreisende sind, ob mit dem Motorrad, dem Fahrrad, zu Fuß oder sonst wie. Ob junges Ehepaar auf Hochzeitsreise mit dem Kanu im Havelland, ob Seniorengruppe bei endlosem Dauergeschnatter, ob Motorradtreffen der regionalen Zahnärzte beim Grillen, ob Europadurchquerer auf dem Fahrrad, ob siebzehnjährige Mädchenklassen beim Verdrehen der Köpfe bei fünfunddreißig Grad, alles ist in Jugendherbergen zu finden und bestens gelaunt miteinander. Reiche, Arme, Alte, Junge, Gesellige und Einzelgänger.

Die Planung und Buchung der Übernachtungen ist denkbar einfach: In einer kleinen Broschüre inklusive Landkarte informieren die Herbergen über ihre Lage, Erreichbarkeit und Angebot. Bei telefonischer Ankündigung wird für Einzelreisende und Senioren bei Verfügbarkeit ein Einzelzimmer oder sogar ein Betreuerzimmer mit allem Komfort zur Verfügung gestellt. Immer aber werden solche Gäste von Jugendgruppen möglichst weit getrennt untergebracht. Sollte sich ein Engpass ergeben, ist die nächste Herberge meist nur wenige Kilometer entfernt. Zudem sind die Herbergen oft in altehrwürdigen Gebäuden in exponierter Lage untergebracht, was zusätzlich für besonderes Flair sorgt. Kontakt: www.jugendherberge.de

Literatur/Landkarten

In achtzig Tagen rund um Deutschland
Andreas Greve, Verlag: Piper
ISBN: 3492245021
Euro 9,00

Deutschland, eine Reise
Wolfgang Büscher, Verlag: Rowohlt, Berlin
ISBN: 3871345296
Euro 17,90

Deutschland umsonst
Michael Holzach, Verlag: Hoffmann und Campe
ISBN: 3455103022
Euro 9,95

Deutschlandreise
Roger Willemsen, Verlag: Fischer
ISBN: 3596160235
Euro 8,90

Germany
Andrea Schulte-Peevers, Sarah Johnstone
und Etain O'Carroll, Verlag: Lonely Planet Publications
Sprache: Englisch
ISBN: 1740594711
Euro 22,45

Motorrad Powerkarten, laminiert, Verlag: Good Vibrations
Süddeutschland und Österreich 1 : 250 000
ISBN: 3937418229
Euro 19,90
Nord- und Ostdeutschland 1 : 250 000
ISBN: 3937418202
Euro 19,90
West- und Mitteldeutschland 1 : 250 000
ISBN: 3937418210
Euro 19,90

Belgien mit Luxemburg. Polyglott on tour. Mit Flipmap
Margarete Graf, Verlag: Polyglott-Verlag
ISBN: 3493567138
Euro 7,95

Elsass & Lothringen. Polyglott on tour. Mit Flipmap
Susanne Feess, Verlag: Polyglott-Verlag
ISBN: 3493568770
Euro 7,95

Polen. Polyglott on tour. Mit Flipmap
Sabine Herbener, Reiner Elwers, Verlag: Polyglott-Verlag
ISBN: 3493568266
Euro 7,95

Tschechien. Polyglott on tour. Mit Flipmap
Sabine Herre, Verlag: Polyglott-Verlag
ISBN: 3493567529
Euro 7,95

Österreich. Polyglott on tour. Mit Flipmap
Nicola Förg, Verlag: Polyglott-Verlag
ISBN: 3493567022
Euro 7,95

Schweiz. Polyglott on tour. Mit Flipmap
Eugen E. Hüsler, Verlag: Polyglott-Verlag
ISBN: 3493567014
Euro 7,95

Dänemark. Polyglott on tour. Mit Flipmap
Lennart Hansson, Verlag: Polyglott-Verlag
ISBN: 3493567146
Euro 7,95

Niederlande. Marco Polo Reiseführer
Elsbeth Gugger, Verlag: Mair DuMont, Ostfildern
ISBN: 3829701608
Euro 8,95

Luxemburg. Marco Polo Reiseführer
Wolfgang Felk, Verlag: Mair DuMont, Ostfildern
ISBN: 3829700490
Euro 8,95

Danke, Danke

Allen voran wäre diese Reise ohne Unterstützung durch die Jugendherbergen nicht möglich gewesen. Besonderen Dank widme ich Angela Braasch-Eggert, der Präsidentin des Deutschen Jugendherbergswerkes (DJH), für das Gehör, den Tee und die Unterstützung meines Anliegens. Knut Dinter, Leiter der Pressestelle des DJH-Hauptverbandes, danke ich für die Betreuung und die fast schon »seelsorgerische« Zuwendung während meiner Reise.

Die Shell Deutschland Oil GmbH unterstützte mich mit dem neuen Shell Super 95, Motorenöl, Fahrzeugwäsche und regionalen Landkarten. Besonders danke ich André Humbert, Communication Manager bei SDO, für unsere freundschaftlichen Gespräche und die motivierenden SMS während der Reise. Ich gebe zu, ich habe im Vorfeld ein wenig daran gezweifelt, dass ich mit dem neuen Sprit wirklich Benzin einsparen kann. Ich bin eines Besseren belehrt worden und bitte für mein Zweifeln hiermit offiziell um Verzeihung.

Dank an meine Eltern Eva und Werner Janneck, die mich mental, gesundheitlich, monetär, logistisch und in Form vieler Kalorien während meines Aufenthaltes an der holländischen Grenze aufpäppelten.

Die First Stop Reifen Auto Service GmbH erledigt für mich in der Hamburger Niederlassung schon seit Jahren Reifenwechsel und weitere Servicearbeiten. Ich danke First Stop für die Unterstützung mit einem Satz BT 020.

Danke auch an die Detlev Louis Motorradvertriebs GmbH aus Hamburg. Hier wurde ich unkompliziert während der Reisevorbereitungen als Berater im Verkauf eingesetzt und konnte so den ganzen Tag in der Filiale Süderstraße mit den Kunden über mein Lieblingsthema reden.

Ein Dankeschön geht an die Firma Rukka, die den Druck dieses Buches unterstützte.

Martin Schempp und Sylva Harasim, meinen Verlegern, danke ich für ihre Geduld, ihr Vertrauen und für ihre Art zu leben und die Welt zu sehen. Ralph Graumann von Honda Petrick in Hamburg danke ich für die mentale, handwerkliche und administrative Begleitung meiner Reise. Angelika Schennen sei Dank für jedes Wort, jedes Lachen und die Verwandtschaft unserer Seelen. Einer Mutter und ihrer Tochter, die in diesem Buch Celine und Marie heißen, danke ich für unvergessliche fünf Tage im August. Christian Seener, seinem Sohn Johannes und seiner Frau Anja gebührt der Dank der frühesten Förderung meiner Schreiberei. Allen, denen ich begegnete und die ich in diesem Buch erwähne, und diejenigen, die mich per Telefon oder SMS begleiteten, danke ich dafür, dass sie da waren.

Und vor allem danke ich meiner schwarzen Honda CBR 1100 XX, die mich diesen Sommer trug. Auf die ich mich verlassen kann wie auf eine langjährige Lebensgefährtin, deren Macken ich kenne und die meine Macken kennt. Wir haben ein herzliches, privates, fast intim-vertrautes Verhältnis aufgebaut. Wir haben gelacht über Fahrfehler, gebrüllt vor Spaß, zusammen geweint bei den Schönheiten und Abschieden. Ich habe die Honda geschunden, überdreht, gelangweilt, geprügelt und vor Spaß zum Lachen und Kreischen gebracht. Während der schönsten Momente der Reise waren wir allein, nur wir beide. Danke.

Rainer Janneck im Dezember 2006

www.highlights-verlag.de

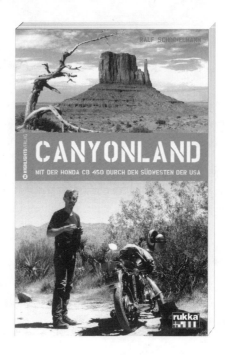

»Auf seinen Fahrten entlang des Highway No. 1, durch den Sequoia und Yosemite Nationalpark, durch das Monument Valley, die Mojave Wüste, zum Grand Canyon und zu den Geisterstädten des Goldrausches wachsen Ralf Schimmelmann und seine CB 450 zu einer verschworenen Gemeinschaft zusammen. Aus dem Motorrad-Greenhorn wird von Meile zu Meile ein Tourenfahrer. Ein vergnüglich zu lesendes Buch mit Sprachwitz und Selbstironie.«

Franziska Weigt
»Biker Szene«

Canyonland

Mit der Honda CB 450 durch den Südwesten der USA
Taschenbuchausgabe
176 Seiten

www.highlights-verlag.de

»Das ist ein Buch von einem, der es versteht, seine Gedanken und Gefühle treffsicher zu Papier zu bringen, ein Text voller Emotionen. Es lebt vom unglaublich starken Kontrast zwischen Fahren und Fühlen, beginnend mit dem Wirklichkeit gewordenen Kindheitstraum vom Motorradfahren. Ein Buch, das so gefangen nimmt, dass man es von der ersten Minute an nicht mehr aus der Hand legt, bis es gelesen ist.«

Norbert Bauer
»ENDURO«

Ein Jahr, mein Motorrad und ich

Über die Leidenschaft, Motorrad zu fahren
Taschenbuchausgabe
128 Seiten

www.highlights-verlag.de

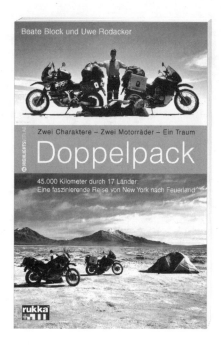

»Was bringt ein Paar dazu, die Sicherheit eines Lebens im behüteten Deutschland aufzugeben und gegen ein zwölfmonatiges Abenteuer einzutauschen? Die Neugier ist es. Die Neugier auf fremde Kulturen, andere Menschen, aber auch die Suche nach einem Sinn in diesem konsumorientierten Leben, das eben doch nicht alle Wünsche erfüllt. Den beiden Autoren ist ein eindrucksvolles Buch gelungen, das jeden in seinen Bann zieht, der mit seinem Partner im Doppelpack schon immer eine solche Reise unternehmen wollte.«

Sylva Harasim
»Highlights-Verlag«

Doppelpack

Eine faszinierende Reise von New York nach Feuerland
Taschenbuchausgabe
264 Seiten, 34 Farbfotos

www.highlights-verlag.de

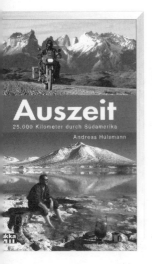

»Auszeit nennt man wohl eine vom Trainer einberufene Pause im Basket- oder Volleyballsport. Auszeit heißt dann, die Taktik zu überprüfen. In diesem Buch heißt Auszeit, die Strategie des Lebens zu überdenken. Konfrontiert mit den Schönheiten, aber auch der Gewalt der Natur wird dem kleinen Zwist daheim die Bedrohung genommen. Dieses Buch lädt ein zum Träumen. Der Traum ist dabei so wenig neu wie schön: Es ist der Traum von der Freiheit.«

Ulrich Porwollik
»WELT am SONNTAG«

Auszeit

*25.000 Kilometer durch Südamerika
Taschenbuchausgabe
320 Seiten*

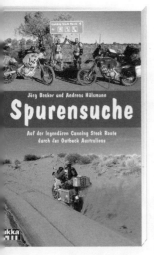

»Sie sind erfahrene Weltenbummler. Und mit der Erstbefahrung der Canning Stock Route im australischen Outback gingen Andreas Hülsmann und Co-Autor Jörg Becker an die Grenzen ihrer Belastbarkeit. In SPURENSUCHE beschreiben sie, was Motorradfahrer leisten können, wenn sie vor übergroßen Herausforderungen stehen. Das Buch steht in der Tradition der großen Reisereportagen, ist Zeile für Zeile ein Erlebnis, Seite für Seite ein Abenteuer.«

Frank Roedel
Chefredakteur »motorrad, reisen & sport«

Spurensuche

*Auf der legendären Canning Stock Route
durch das Outback Australiens
Taschenbuchausgabe
200 Seiten, 13 Farbfotos*

www.highlights-verlag.de

»Das Sympathische an dem Buch ist, dass die sieben umfangreichen Geschichten aus sieben Kontinenten nicht nur reine Biker-Lektüre sind; obwohl die Texte natürlich eine Menge Tipps enthalten und von mancher motorradtypischen Schwierigkeit erzählen, spiegeln sie vor allem Land und Leute der bereisten Regionen wider. Denn bekannterweise gibt es neben dem Motorrad keine andere motorisierte Fortbewegung, die unmittelbaren Kontakt und direktes Erleben auf so ungefilterte Art und Weise erlaubt.«

Tobias Opitz
»Süddeutsche Zeitung«

7 Kontinente

Motorrad-Abenteuer rund um den Globus
gebunden mit Schutzumschlag
320 Seiten, 32 Farbfotos

»Von einem Tag auf den anderen verändert sich das Leben zweier Afrika-Kenner dramatisch. Er gerät in die Gefangenschaft militanter Fundamentalisten, sie ist zu Hause und bangt um sein Leben.
In ihrem Buch »177 TAGE ANGST« schildern Sahara-Geisel Rainer Bracht und seine Ehefrau Petra die Vorgänge während der Geiselnahme in der algerischen Sahara aus zwei ganz unterschiedlichen Perspektiven.«

Martin Schempp
»Highlights-Verlag«

177 Tage Angst

Was in Algerien und zu Hause wirklich geschah
Taschenbuchausgabe mit Umschlagklappen
248 Seiten
18 Farbfotos

www.highlights-verlag.de

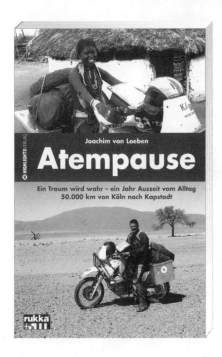

»Das Sympathische an dem Buch ist, dass es dem Autor, der bis zum Start seiner Afrikareise mit Motorrädern eher weniger am Hut hatte, gelingt, die Befindlichkeiten während eines solchen Unternehmens zu vermitteln, anstatt auf der Ebene reiner Strecken- und Faktenbeschreibung zu verharren. Das Buch ist eine Empfehlung für alle, die selbst mit dem Gedanken an eine längere ATEMPAUSE spielen, aber auch für diejenigen, die im Alltag nur mal kurz bei anregender Lektüre durchschnaufen wollen.«

Andreas Reimar
»mototraveller«

Atempause

50.000 Kilometer von Köln nach Kapstadt
Taschenbuchausgabe
200 Seiten, 35 Farbfotos

Rainer Janneck

Rainer Janneck wurde 1964 im Münsterland geboren und liebt es, alleine mit dem Motorrad durch Deutschland und Europa zu fahren. Er beendete zur Zeit der Maueröffnung ein medienwissenschaftliches Studium im damaligen West-Berlin. Nach Stationen im Medienmanagement in Berlin, Frankfurt und Hamburg schrieb er 2004 sein erstes Buch »Ein Jahr, mein Motorrad und ich«, das ein großer Erfolg wurde. 2006 kündigte er seinen Job, fing beim Motorrad-Filialisten Louis als Aushilfsverkäufer an und erfüllte sich im Sommer 2006 mit seiner dreimonatigen Deutschland-Umrundung einen Traum. Rainer Janneck arbeitet heute bei einem Hamburger Verlag und bereitet seine nächsten Motorradreisen vor.